Aus dem Tagebuch eines Tauentzien-Girls

Emma Nuss

Den blinden Müttern von Berlin
und ihren zukünftigen
Schwiegersöhnen gewidmet!

Berlin,
24. Mai.

Zu meinem letzten Geburtstag hat mir Tante Ella ein Tagebuch geschenkt. Wenn ich es vollgeschrieben habe, soll ich es Tante Ella mal vorlesen, meinte sie und lachte. »Das glaub' ich«, sagte ich, »das möchte dir so passen!« Nee, nee. Tante Elleken, das wird wohl nichts für dich werden, wenn ich wirklich diesem ersten Erguß weitere Beichten folgen lasse ... Das Leben liegt ja nun erst vor mir. Jetzt bin ich vierzehn! Mama war klug genug, mich rechtzeitig vom Gängelband mütterlicher Fürsorge losgelassen zu haben ... War' auch gar nicht anders möglich, Berlin verlangt das heutzutage. Mama plädiert ja so für die Frauenfrage, für die Freiheit der Frauen! Papa sagt: »Alberner Quatsch, Frauen ins Haus, hinter den Herd, Strümpfe stopfen, Windeln waschen, Zierde der Familie, Mädel von der Schule weg heiraten, Kinder kriegen, Mund halten ... Nur so noch Idealweib möglich.«

War Papas längste Rede, die ich jemals gehört. Sonst abends hinter der Zeitung, spricht nichts oder nur »Hm« ... »Hm« ist Antwort auf alles. Mama und ich fragen oft die unmöglichsten Dinge. Immer »Hm«. Merkt nichts von der modernen Frau. Nur: Fabrik, Arbeiter, Löhne, Streik, Bande, Börse, Ultimo. Papas Wörterschatz! ... Mein Bruder Fred, aufgeblasener Primaner, schimpft auf das weibliche Geschlecht. Er sagt, die Frauen taugen alle nichts, er werde nie heiraten ... Wird sich eben dann eine Geliebte anschaffen ... Mama ärgert das und nennt ihn einen albernen Bengel. Hinterher leuchtender Blick, voller Stolz auf ihren Abgott; sieht ihn schon als Minister ... Voilà ma famille! ...

29. Mai.

Wenn Papa mit Geld rausrücken soll, dann gibt's meist eine Szene. Und Papa hat Geld, die schwere Menge! Heute bat ihn Mama um einen kleinen Beitrag für die verwahrlosten Kinder, bei denen sie Vorstandsdame ist. Die sollen diesen Sommer ins Seebad zur Erholung. Papa sagte, er sei als Junge auch nicht ins Seebad gekommen, und je verdorbener die Kinder heute seien, desto mehr Wesens werde von ihnen hergemacht. Aber Mama kann doch nicht hinter den andern Damen zurückstehen. Na, mit

Hängen und Würgen entschloß sich dann Papa zu dieser Wohlfahrtsspende. Mama ist ja so glücklich in ihrer Rolle als Vorstandsdame. Das bißchen Ehrgeiz ist ja auch nicht gefährlich. »Jeder hat sich dafür ein kleines Gebiet reserviert«, meint die gute Tante Ella mit spöttischem Gesicht, wenn man auf Mamas Wohltätigkeitsfimmel zu sprechen kommt. Tante Ellas Gebiet ist in diesem Falle die Malerei. »Und keine Spur von Talent« ... sagt wiederum Mama. Dabei macht Tante Ella große Kunstreisen, da sie in Deutschland nicht genügend Motive finden kann!! Sie hat weder Mann noch Kind gefunden, und so wirft sie sich eben auf die Kunst. Sie ist Papas einzige Schwester, und ... was die Hauptsache ist ... sie hat Geld. Später reise ich mit ihr, wenn ich vorher keinen Mann kriegen sollte. Ich bin aber hübscher als Tante Ella, das sieht man doch selbst, ohne sich was drauf einzubilden.

2. Juni.

In Berlin findet man doch immer was zum amüsieren! Heute nachmittag bummelte ich mit Mite Bürger und Erna Klein im Tiergarten.

Mite sah rasend schick aus. Ich hatte auch mein rosa Crepe de Chine an, sehr kindlich zwar (Mamas Geschmack! Am liebsten zög' sie mir ja noch Baby-Hängekleidchen an), aber es steht mir zu meinen braunen Locken sehr gut. Erna, wie immer, ganz als Sportgirl. Amüsierten uns himmlisch! Die dummen Jungens in Sekunda und Prima lassen wir doch nun fallen. Studenten mit Schmissen ... allenfalls noch ... Erwachsene Herren, Künstler ... ei ja! Zwei mit Schlapphüten, interessanten Gesichtern hinter uns her. Mite Taschentuch fallen lassen, der eine zuspringen, aufheben, vorstellen, lachen und bekannt sein ... das Spiel weniger Augenblicke. Erna hatte Hunger. Frech! Wir gingen dann in eine Konditorei, wo uns die Herren vom Allerbesten kommen ließen. Dann luden sie uns ein, wir sollten sie doch mal in Halensee in ihrem Atelier besuchen. Fein. Mite will sich malen lassen. Ich weiß noch nicht, werde mal sehen. Mama dürfte jedenfalls nicht dahinter kommen. Ostermann hieß der blasse Blonde! Der guckte mich immer so an. Der andere mit dem braunen Spitzbart war der Herr Helbing. Der machte nur Ulk und schien sich mit Erna anlegen zu wollen.

7. Juni.

Gestern abend in »Figaros Hochzeit« gewesen. Süß, dieser Mozart! ... Und dann der Graf! Na, so ein Schlauberger! Hätte ihm wohl so passen können mit der Susanne! ... Mama nennt den Text »ganz harmlos« und für mich »noch ein Buch mit sieben Siegeln«!! Hat der Mensch Worte?!! ... Im Foyer nachher war's herrlich. Wie sich die Damen jetzt kleiden ... wunderbar! Oben rum zwar man spärlich in allem, aber doch eben totschick. Ach, wär' ich doch erst mal erwachsen! ... Mama hatte große Begrüßung mit ihren verwahrlosten Damen — — pardon — — mit Damen, die auch bei den verwahrlosten Kindern mittun. Ich wurde auch von ihnen beehrt. »Ach, das reizende Töchterchen, haben gar nicht gewußt, schon so groß und so hübsch und wohl sehr musikalisch?« ... »Ja«, sagte Mama, (is gar nicht wahr) »Litta liebt außerordentlich die Musik, und man kann die Kinder nicht früh genug mit dieser wunderbaren klassischen Musik vertraut machen ... in unserer jetzigen Zeit, wo die moderne Oper eben nur noch von ganz charakterfesten Menschen gehört werden kann.« Warum Mama nur so was erzählt?! Sie hört sich doch zu gern »schön reden« ... Der Graf ist doch mächtig reingefallen am Schluß! Haha!

14. Juni.

Unsere Tante Ella ist doch komisch. Jetzt will sie mich wieder malen, diesmal im Badekostüm, da sie gestern mit mir beim Schwimmen war. Wie oft hat sie mich schon gemalt, und immer, wenn's fertig ist, fragen unsere Bekannten, was das für eine Landschaft sein soll!!! ... Tante Ella sagt aber, sie habe eben ganz moderne Schule, und der Laie könne die Technik daran nicht so ohne weiteres erkennen. Papa riet ihr freundlich, doch lieber bei Landschaften zu bleiben. Das läge ihr besser, und das modernste wären ja jetzt diese Vexierbilder in den Ausstellungen. Nun sucht sie in Holland Landschaftsmotive. Die Liebe verachtet Tante Ella. Sie ist bald vierzig, und Mama schwört drauf, das sie doch noch heiraten wird.

Ich halte ja die gute Tante mit den hübschen blonden Schnecken um die Ohren und dem immer liebenswürdigen Gesicht für ... manns-toll! Jawoll, davon bin ich überzeugt. Sogar Freds Klassenfreunde behandelt sie manchmal wie verzuckerte Hampelmänner. Na, wenn schon, laß ihr den Spaß! ...

29. Juni

Am 8. Juli reisen wir nach Westerland. Hurra! Ins Seebad. Das wird ein Leben werden. War nie im Familienbad. Ungeheuer gespannt. Mite erzählt Mordsgeschichten. Ist wohl nicht alles wahr.

3. Juli.

Heute nachmittag mit Erna und Mite bei Ostermann. Kinder, lebt der aber nobel! Atelier nennt er das ...! Fand eher, Ausstellungsraum für Teppiche und moderne Fußbodenpolsterung. Wohin das Auge sah, war es gepolstert und mollig. Alles mit gedämpftem Licht, rotverschleierte elektrische Lampen in den Nischen und Ecken, weiße Bärenfelle, kurzum ein echter türkischer Traum. Fehlten bloß noch die

Haremsdamen ... sagte ich zu Ostermann ... Guckte der mich an!! ... Wir tranken Tee. Helbing war leider nicht da, der hätte Stimmung reingebracht. Ostermann ist viel ruhiger, müder. Er will uns alle drei malen, und zwar ein Bild, das den »Frühling« darstellen soll. Nach den Ferien fangen wir an; wir verlangten aber strengste Diskretion ... Nachher gingen wir noch auf den Tauentzien-Bummel. Da erlebt man ja meist was. Aber es war stiller als sonst, die meisten sind schon verreist. Wir fielen fast schon auf, so vereinsamt war plötzlich diese Straße der eleganten Berlinerinnen, der Dandys und little girls, wo sonst ein vielsagendes Hinüber und Herüber die Schritte verlangsamt, den Weg schnell ändert, ... diese Straße, die uns Lebensinhalt, Lebensbedürfnis ist ... jetzt eilten wir, rasch wegzukommen ... ein wehes Gefühl beschlich uns, und ... wäre da nicht Egon Petri zu guter Letzt aufgetaucht, der uns dumme Witze und famose Zigaretten offerierte ... man hätte fast verzweifeln können an Berlins Ruhm, die mondänste Stadt der Welt zu sein.

Westerland,
11. Juli.

Paradiesisch schön finde ich's hier! Verstehe bloß nicht, daß sich Mama im Familienbad nicht geniert unter so viel fremden Herren. Mir war's jedenfalls anfangs recht peinlich, was mir von Mama eine »dumme Gans« eintrug ... Fred spielt sich als Kavalier hier auf und lehrt junge Mädels schwimmen!!! ... Halb Berlin hier. Rasend viel Eleganz. Wie schade, daß ich erst vierzehn! ... Unsere Pension sehr interessant durch Mrs. Clibborn nebst Tochter Mabel, die so alt ist wie ich. Fred badet mit ihr weit draußen am Strand ganz allein. Mama furchtbar empört darüber. Ich darf nicht mit Mabel verkehren. Mrs. Clibborn scheint in so was viel verständiger wie Mama zu sein.

16. Juli.

Ich möchte doch zu gern diese Mabel Clibborn näher kennen. Fred macht nur sehr wichtige, verschmitzte Augen, wenn ich ihn nach ihr ausfragen will. Sie ist elegant ... einfach fabelhaft! Bildhübsch, pudert sich auch schon, was die Männer sehr reizen soll, sagte mir mal

Erna Klein. Äußerlich eine echte Engländerin, hellblond mit blauen Augen, entzückendem Mund, herrlichen Zähnen, sehr schlank und groß. Sie lacht mich immer so nett an. Ihre Mama ist ganz schwarz mit großen feurigen Augen, prachtvollen roten Lippen und kleinem Schnurrbärtchen. Fred sagt, das sei ein Rasseweib, und es sei wohl gar nicht Mabels Mama. Ich fragte Papa, wieso nicht? Er wußte es auch nicht … Die beiden Damen sind im Bad immer umringt von Herren, und es ist immer so lustig bei ihnen. Zu schade, daß Mama wieder so rückständig wird und mir den Verkehr so streng untersagt.

20. Juli.

Essen, Trinken, Faulenzen, Vergnügungen, Flirten, das ist alles, was der Mensch hier treibt. Ein Götterleben, wenn man erwachsen ist! … Für mich bleibt nicht viel davon übrig, besonders, wo die Eltern solche Spießer. Ach, in Berlin ist's doch ganz anders, viel freier für mich. Hier fehlen verwahrloste Kinder …

Clibborns ausgezogen in feinstes Hotel, da fabelhaft reicher Onkel von Mabel angekommen.

Eigenes Auto ... alter Junggeselle. Möchte auch so'n Onkel.

28. Juli.

Heute großes Schaufliegen. Enorme Leistungen. Flieger wahnsinnig bejubelt. Die Damen wie besessen, wollten ihn vor Liebe in Stücke reißen. Sah aus, wie'n Eskimo, aber welche Intelligenz im Gesicht! Phänomenal, was er kann. Viele Offiziere dabei, scharmante Gesichter ... wüßte nicht, welchen bevorzugen. Alle famos.

30. Juli.

Tante Ella aus Holland geschrieben. Begeistert. Mein letzter Brief an sie als schriftstellerisches Talent bezeichnet!!! ... Papa brummte: »Sieht überall Kunstgespenster, Kopf verdrehen, Unsinn, fehlte noch!« Mama geschmeichelt; ich selbst fühle ... sie hat nur zu sehr recht. Werde mich später ganz aufs Schreiben werfen. Beschäftige mich schon immer gern mit Literatur. Lese eben Nietzsche ... muß man gelesen haben. Ach und dann d'Annunzio ... wunderbar. Diese Liebesszenen! ... Zola ist ein Waisenknabe dagegen … Bei uns zu Hause ist der Bücherschrank ja immer verschlossen, aber Mite leiht mir all die modernen Bücher. Papa liest mit Wonne Karl May, Gustav Freytag und solche Autoren. Mama liest wohl noch die Marlitt oder die Heimburg … hat mir zum Geburtstag auch so'n aufregenden Schmöker geschenkt, … das Ding trieft ja förmlich von Moral und ähnlichem Mumpitz.

4. August.

Vorhin Mabel gesehen. Sie saß barfuß im Strandkorb, und ein junger Herr kniete vor ihr und küßte gerade ihren Fuß, als ich vorbeikam. Beide lachten, als sie mich erblickten. Ich eilte, rot vor Verlegenheit, rasch weiter. Wenn Mama nun das gesehen hätte! Allmächtiger!! … Es war komisch, aber Mabel so bildhübsch, und Männer sind im verliebten Zustand gleich zu allem bereit … Übermorgen reisen wir wieder nach Hause. Schade, daß schon zu Ende, aber freue mich wieder sehr auf Berlin, das ist doch das einzig Wahre! …

16. August.

Wieder in Berlin! Bin ganz braun. In der Schule öde, und die unregelmäßigen Verben im Französischen wieder Zankapfel zwischen mir und Fräulein Schwarze, unserer französischen Maitresse ... Dann Geographie! Muß ich nun unbedingt wissen, wohin die Wolga mündet, oder ob Timbuktu nördlich oder südlich vom Äquator liegt? Wo ich doch bald heiraten werde. Kinder will ich aber keine, wenn ich mich verheirate. Das ist direkt schon pöbelhaft für gebildete Menschen.

Auf dem Tauentzien-Bummel Leben wie immer, fast alles wieder von der Reise zurück. Ist doch zu schön mit Erna, Mite oder der kessen Lisa Stein gegen Abend da rum zu flanieren. Sechs oder sieben neue herrliche Kinos sind in der Zeit entstanden, und nun tut einem wahrlich die Wahl wehe, wohin man seine Rendez vous verlegen soll. Auf unserer geliebten Tauentzienstraße fehlt noch so ein großes Kino, wo man untertauchen kann, wenn man sich treffen will, das wäre sicherer als auf der Straße.

22. August.

Nächsten Monat lerne ich tanzen. Gott, ich kann's ja zwar schon, wir tanzen ja täglich in der Schule während der Pause im Korridor Schiebetanz, und einige singen *Puppchen, du bist mein Augenstern* dazu. Entzückende Melodie ... Text hingegen ... für geistiges Proletariat. Überhaupt die Operetten!! ... Bin ja viel mehr für Strauß. Egon Petri findet seine Musik so großartig pervers. Sein Vater hat eine große Zigarettenfabrik, kolossal reich großer Kunstmäzen. Unterstützt viele Künstler. Gott, wenn man so reden wollte ... was einem der Egon so alles erzählt in seiner Dämlichkeit! Lisa Stein meinte: »Der olle Petri wird wohl auch manchen Künstlerinnen gern mal hilfsbereit unter die Arme greifen! Schandmaul die Lisa ... Aber, wie dem auch sei, der Egon ist ein guter Junge. Er versorgt uns durchweg mit Zigaretten ... sonst strohdumm. Neulich fragt er mich, was er werden soll? »Werde ein Mann!«, riet ich ... Die Kalbsaugen von ihm! Auf einmal zudringliches Lächeln und die naive Frage, wie ich das meine?!! ... Gejohle von Mite und Lisa. Geringschätziges Lächeln meinerseits. Ausgerechnet Egon Petri!! ...

30. August.

Mir zittern noch die Hände beim Schreiben! Wie war doch alles? Wie finde ich nur die rechten Worte, um dies große unglaubliche Erlebnis zu schildern? Also heute war die erste geheime Sitzung bei Ostermann. Helbing war auch da und wieder sehr lustig. Tee, Rum, Menge Süßigkeiten ... Herz, was begehrste! Ostermann will erst jede allein auf die Leinwand bringen. Mite kam zuerst dran ... Erna und ich amüsierten uns inzwischen mit Helbing. Famoser Mensch! Fragte uns aus, wie'n Examinator, fand uns sehr schlagfertig und höchst interessant. »Direkt psychologische Studie, der neue Typ Berliner Mädel«, sagte er und wollte sich totlachen über uns. Mite großartig ungeniert, benahm sich wie'n Modell. Sie hat so'n »avec« in so was. Ostermann arrangierte einige Schleier an ihr, und Mite war richtig kokett dabei. Sie war aber so unruhig beim Sitzen resp. Stehen, daß Ostermann sie für heute nicht gebrauchen konnte. Er bat mich an ihre Stelle. War mir anfangs doch recht peinlich ... Zitterten dem Ostermann nicht die Hände, als er die Schleier auf meiner Schulter ordnete? ... Ich war sehr ruhig, und er kam gut voran. Da mußten Erna und Mite weg, und er bat mich inständig, doch nur noch eine halbe Stunde ihm zu stehen. Endlich blieb ich wirklich allein mit ihm, denn Helbing war mit den beiden gegangen. Beklemmend pikante Situation! ... Nach der Sitzung löste er mir oben die Schleier und strich mir einmal über den Rücken. Ich huschte rasch nebenan, um mich fertig zu machen. Dann fragte ich im Scherz, was ich nun dafür bekäme, daß ich mich so artig und ruhig verhalten habe. Er guckte mich mit seinen blauen Augen an, daß mir ganz eigentümlich wurde. Dann ging er auf mich zu, nahm meine Hände und ... plötzlich hielt er mich ganz fest in seinem Arm, bog meinen Kopf zurück und küßte ... küßte ... mich, daß mir alles Denken verging und ich nur noch seine Lippen fühlte auf Mund und Augen, Hals und Haar. Er schüttelte mich hin und her, als wollte er mich schlagen mit Küssen. Erst war es unbeschreiblich schön, doch dann erinnerte ich mich und wehrte mich, ich trat mit den Füßen … bis er mich langsam aus den Armen ließ und totenblaß neben mir stand. »Nicht bös sein, süße Kleine«, sagte er, »warum bist du so liebreizend (das fand ich nun wieder sehr nett) und so bestrickend jung? … Kommt nicht mehr vor … komm, sei lieb, gib mir deine Hände, und wir wollen das als unser süßes Geheimnis bewahren, das keiner je erfahren darf. Das nächste Mal sind wir artig und fleißig … Auf der Treppe zitterte ich dann noch am ganzen Körper … es war das erstemal, daß mich ein Mann geküßt hat … Zu schön, dies Geheimnis. Und der Kuß von diesem schlanken, hübschen Mann … jetzt fühl' ich erst … es war doch was ganz Eigenartiges in diesem Gefühl. Ein Mann hat mich geküßt in süßer, begehrender Leidenschaft … Wunderbar! … Wenn das Mite und Erna wüßten!!

9. September.

Mein Bruder Fred philosophiert gern. Deshalb gab's vorhin eine große Familienszene. Mama rühmte beim Abendbrot ihre Mutterliebe und die vielen Opfer, die sie uns brächte usw. usw.

Fred sagte, Mutterliebe sei nur großer Egoismus, und eine Gans habe auch Mutterliebe. So ähnlich war's wohl ... Wie ein Gummiball sprang da Mama in die Höhe, schrie Fred mörderlich an ... Papa ließ sogar die Zeitung vor Schreck auf das Bierglas fallen, und der Kladderadatsch war fertig ... Zum Schluß weinte Mama; das sei der Dank für die vielen Opfer, die sie uns bringe, und daß sie ihre Pflichten so ernst nehme usw. ... Papa ergriff nun auch ihre Partei, und Fred hatte nichts zu lachen. Ich flüchte vom Schauplatz dieses Dramas hierher in mein Stübchen ... Was für Opfer meint wohl Mama? Alles, was sie tut, macht ihr doch auch Spaß. Und die Pflichten? Ja, wir sind doch nicht schuld, daß wir auf der Welt sind, und aus Pflichtgefühl sind wir wohl auch nicht da! Na, und dann hat Mama ihre Dienstboten, und wir sind erwachsen, und sie ist ganz froh, daß sie sich nicht mehr so viel um uns zu kümmern braucht. Und Papa zahlt doch schließlich auch alles. Er redet aber nie von Vaterliebe und Opfem. Er tut's eben, weil er doch nicht drum rum kommt ... Mama macht doch zu geme solche Redensarten, und Fred, der Blödiast, hätte auch besser sein Teil gedacht. Ich muß ihm doch nachher eine Sympathiekundgebung zuteil werden lassen. Wir Frauen sind doch schlauer in so was ... wir plappern nicht alles so raus, wie wir's denken.

14. September.

Tanzstunde begonnen. Meist grüne Jungens. Nur Werner Mühling, Oberprima, ganz passabel ... Tanzlehrer steinalt, färbt sich den Schnurrbart kohlschwarz ... Lisa Stein mit ihrer Mama urkomisch. Frau Stein immer begeistert von Lisa, wie schön sie sei und wie graziös. »Lisa, mein Kind, du bist doch die Schönste von allen«, sagt sie nach jedem Tanz voll stolzer Zärtlichkeit ...

Alle Damen in ihrer Umgebung mußten von Frau Stein hören, daß ihre Lisa schon immer so schön war und noch viel schöner würde, wenn sie erst erwachsen wäre, das sei immer so bei den Frauen ihrer Familie gewesen. Die kleine dicke Frau Stein! Die Hände hatte sie voller Ringe und fuchtelte immer damit rum, wie ein Propeller, wenn sie Lisa unten erblickte, erzählte Mama. So eine Affenliebe sei ihr noch nicht vorgekommen. Lisa lacht ihre Mutter nur aus, wenn sie sagt: »Lisa, mein Kind, du bekommst mal den schönsten und reichsten Mann«, was täglich geschieht. Zu uns »Kindern« — wie sie uns immer nennt — ist sie furchtbar nett. Wir tun auch so begeistert von Lisas Schönheit, dann können wir machen, was wir Lust haben. Lisa hat weitgehendste Freiheiten.

Die Sitzung bei Ostermann geht weiter. Nobler Mensch! Spricht nie davon! Blieb auch bisher nicht mehr allein mit ihm. Mite steht jetzt, und ich beschnüffle mit Erna inzwischen seine höchst lehrreiche Bibliothek. Lesen eben »Krafft-Ebing«. — Wollte uns Ostermann wegnehmen, wir verstünden's doch nicht. Möglich ... aber man kennt es wenigstens. Auf Bildung kommt doch alles an in der Gesellschaft ... und wenn man auch bloß so tut.

2. Oktober.

War heute bei Tante Ella. Die hatte gerade Besuch von einem jungen Maler, so ein schwarzer Slowak. Den fütterte sie mit Süßigkeiten wie ein Schoßhündchen ... Sicher ist Tante Ella in den ekligen Menschen verschossen. Der saß da mit schmutzigen Fingernägeln und sprach über Kunst wie ein Buch. Er redete von der Zeit da die Maler noch keine Luft und keine Perspektiven malen konnten, und behandelte eigentlich auch die gute Tante Ella wie Luft und aus weiter Perspektive. Sie hätte lieber was anderes gehört. Sie nennt ihn »lieber Stani«. Vielleicht heißt er Staniol. Tante Ellas Geschmack mir unbegreiflich. Das ist das einzige Motiv, das sie in Holland gefunden hat??! Seine Haare sehen aus wie eine alte verstaubte Bürste. Das Gesicht so gelb wie Braunbier und … brr … Ich drückte mich sehr bald wieder. Ostermann ist ja ein Apoll im Vergleich zu diesem Kaminkehrer. Überhaupt, wenn ich in einen Mann so verliebt wäre, müßte ich das Gefühl haben, daß er jeden Tag badet.

11. Oktober.

Jetzt ist doch auch der Werner Mühling in mich verliebt! Diese Jungens sind doch gleich Feuer und Flamme. Ich sehr kühl … reize ihn dadurch kolossal. Nur kein Gefühl zeigen. Er sagt mir gestern abend, daß er mich deshalb haßt, haßt

... wie die Sünde! Also ... er liebt mich!!! Mal sehen, was er nun macht, um seinen Haß an mir auszulassen. Hahaha ...! Wie ist das Leben doch so schön! ...

Ostermann will mich später allein malen — hat eine eigenartige Idee zu einem Bild für mich.

13. Oktober.

Heute abend mit Mite und Lisa Stein auf dem Tauentzien-Bummel. Junger, blasser, schmächtiger Mensch, ganz bescheiden äußerlich, Mappe im Arm, hinter uns her. Schüchterne Blicke, Seitenstraße, er uns nach und uns angesprochen. Er fing stotternd und verlegen von Musik an, ob wir musikalisch seien ... »Ja«, sagten wir alle drei, »furchtbar«! Ob er uns begleiten dürfe, ... ob wir in eine Konditorei mit ihm gehen würden? »Ja!«, wir alle drei ... Dort Nußtorte mit Schlagsahne für uns, er ... Kaffee mit Hörnchen. Dann literarisches Gespräch seinerseits: Ob wir viel lesen? Lisa sagte, sie lese eben einen wundervollen Roman. »So, von wem ist er denn?«, fragt schüchtern erfreut unser Kavalier. »Von Ullstein«, antwortet ihm Lisa mit ganz dämlichem Gesicht. Mite und ich pusteten bloß los, und der Jüngling stammelte nur noch: »Ich meine, von welchem Autor.« »Weiß ich nicht«, wieder Lisa ganz dumm ... Da zahlte er, völlig geknickt und ging mit traurigem, enttäuschtem Gesicht von dannen ... Bei Aschinger wird er nun wohl zum Abendbrot eine Menge Semmelchen für umsonst verzehren, um die Spesen wieder rauszubringen, die er sich machte, um uns auf die Höhen geistiger Bildung zu bringen ... Als ob ein Abenteuer was mit Literatur zu tun hätte!! So was Dummes! ...

19. Oktober.

Vorhin Hab' ich doch die Mabel Clibborn auf dem Kurfürstendamm gesehen! Kinder nein, war die fein! Mit zwei jungen Herren. Sie erkannte mich auch und lächelte mich erfreut an. Wenn ich sie doch kennen würde! Hab' es Fred erzählt. Der Weiberfeind war ganz aufgeregt: Wo, wie, wann ... ich sie gesehen habe, mit wem?

30. Oktober.

Eben war Mama in meiner Stube. Sie lachte, als sie mich beim Tagebuch erblickte: »Na ja,

Tanzstunde!«, sagte sie ... Gott Mama! ... ich glaube, sie weidet sich innerlich an dem Gedanken, ich könnte so eine zarte Tanzstundenschwärmerei haben!!

Warum nur Ostermann immer so reserviert jetzt tut? Mit Mite macht er Scherze, und mich hat er doch geküßt. Ob er mich etwa verachtet? Oder ob das die Männer immer so machen, wenn sie ein Mädel geküßt haben? Ich ärgere mich wahnsinnig über diese Art und Weise ... Erna Klein sagt mir, sie sei in Helbing verliebt, aber er habe ein Verhältnis mit seinem Modell. Wie sich doch die Männer oft wegwerfen an Mädchen aus dem Volk! ... Na ja, unsereins ist eben nicht für so was zu haben. Man weiß doch immer, was man sich und seiner Familie schuldig ist! Heiraten tut ein Mann so'n Geschöpf ja nicht.

7. November.

Die Mabel muß ganz in unserer Nähe wohnen. Heute sah ich sie wieder mit einem alten Herrn (vielleicht der reiche Onkel) in einem herrlichen Auto auf dem Kurfürstendamm. Sie lachte mich wieder reizend an.

18. November.

Nun bin ich ganz und gar verwirrt. Was soll das nun wieder? Heute war ich bei Ostermann und fragte ihn, warum er immer so kühl jetzt gegen mich sei, und ich bliebe dann doch besser ganz weg ... Er sah mich wieder mit diesem tiefen Blick an und sagte ganz lässig, er könne mich nicht zwingen; wenn ich nicht mehr kommen wolle, müßte er für mich Ersatz suchen. Es täte ihm aber sehr leid, daß ich mein Versprechen nicht halten könne. Dann wäre eben seine bisherige Mühe umsonst gewesen, und er wäre immer der Meinung, ... ich täte es schon allein aus Liebe zur Kunst. Er hielte mich für künstlerisch sehr begabt ... Da konnte ich nicht anders und sagte, ich käme auch weiterhin. Dann ging ich, und er sah mir so nach, als müßte er sich zwingen, mich nicht zurückzuholen ... Er sah blaß aus und sagte kein Wort, nur seine Augen brannten richtig auf mir.

29. November.

Gestern abend war unser erstes Tanzkränzchen. Sehr nett! Werner Mühling preßte mich beim Tanzen wie ’ne Zitrone und flüsterte mir abwechselnd seinen Haß und seine Liebe in die Ohren.

Mama war entzückt von der galanten Art, mit der ich von den Herren behandelt wurde, und über mich, wie ich alle Komplimente so harmlos entgegennahm. Von Lisa Stein der Onkel war auch da, ein Dr. Bilinski, der war furchtbar nett. Er ist Frau Steins Bruder. Am Schluß war er allgemein der Onkel Fritz, und er hatte mit jeder von uns getanzt, lustiger und vergnügter wie all die Jungens. Mit drei Schritten war er durch den ganzen Saal, und Lisa nannte ihn nur den toll geworden Aeroplan. Er ist Junggeselle, schon ganz kahl, aber die Jungens stach er noch alle aus ... Werner brachte mir sehr viel Blumen. Der treue Ritter Toggenburg! Wenn er seine netten braunen Augen so drohend nach mir sendet, gefällt er mir sehr gut. Morgen gehe ich mit ihm in ein Kino. Ist doch noch ein Junge im Vergleich zu Ostermann ... Gestern nachmittag war ich noch bei ihm im Atelier. Er sah ganz elend aus, und als ich ihn fragte, ob er krank sei, lächelte er bloß so verzerrt, ... das verstünde ich noch nicht ... Dann plötzlich fragte er mich, ob ich ihn gern mag? Ich nickte bloß. Dann schlug er sich mit einemmal vor die Stirne und murmelte: »Es ist ja noch ein Kind ... versteht das ja nie im Leben.« Und ganz rauh sagte er, ich solle gehen. Das ließ ich mir denn doch nicht gefallen, ich wurde auch grob: Was er sich denn einbilde, wer ich sei ... ich fände das unerhört vom ihm usw. ... Auf einmal kriegt er so was Frohes in die Augen, packt mich am Arm und flüstert: »So ... so ... gefällst du mir ... fest ... schelte nur, ... sag', was du willst zu mir ... Du bist wundervoll ...« Da mußte ich aber so lachen, sagte, er sei wohl meschugge, und wenn ich wiederkomme, sei er wohl wieder ganz hergestellt ... Wie er mich da fast verschlang mit seinen hellen Blauaugen und mir die Hand preßte, daß ich »au!« schrie! Ein komischer Kauz. Eben Künstler. Haben alle ihre Schrullen.

30. November.

War heute mit Werner Mühling im Kino. »Stimme des Schicksals« hieß das Drama. Es war sehr aufregend und ein bißchen peinlich. Gehe aber für mein Leben gern ins Kino. Entzückend, daß es immer so dunkel dabei ist. Werner lehnte sich bei manchen Stellen ganz rüber zu mir und rieb richtig seine Schulter an mir. Dann preßte er meine Finger zwischen seinen und flüsterte was von wonnevoller Stunde ... Der Junge!! Als die Dame auf dem Film von ihrem Liebhaber in ihrem Boudoir überrascht wurde, und er sie wie besessen küßte ... da rückte Werner immer hin und her, versank manchmal ganz in sich und klopfte dann wieder leise mit den Fußspitzen nervös auf die Erde. Ich mußte ihn anstoßen, daß er ruhig sei. »Daran sind Sie schuld«, flüsterte er. Jotte doch! ... Als es dann hell wurde, war er erst etwas verlegen, rief aber dann mit schnarrender Stimme nach dem Kellner und bestellte mir ein Glas Bier ... wo ich doch viel lieber Limonade getrunken hätte ... Nachher war's höchste Zeit zum Nachhausegehen. Ein wahres Wunder, daß ich unbemerkt in meine Stube kam. Nebenan saß Mama mit ihrer Busenfreundin Frau Meister in der Wohnstube. Frau Meister weinte herzzerbrechend, und Mama sagte gerade: »Nu sag' mir doch endlich, was mit euch los ist. Ich habe doch keine Ahnung, und ich möchte dir doch helfen (is ja alles bloß Neugier). Du bist ja in einer heillosen Aufregung ... sprich, ehe die Kinder kommen.« Endlich unter Schluchzen verstehe ich: »Mein Mann ... als ich gestern abend aus unserer Vorstandssitzung kam ... fand ich ihn im tiefsten Negligee ... im ... Mädchenzimmer!!! Als er mich bemerkt ... spielt er den Irrsinnigen ... sieht sich verwirrt um ... fragt: »Wo bin ich denn? Wie komm' ich denn hierher?« ... (Au wei. Reizend!) Hinterher große Auseinandersetzung bei Meisters. Sie will sich nun scheiden lassen. Große Sache! Mama tröstet ... alle Männer machen mal Dummheiten (Wehe aber, wenn Papa so einer wäre) ... Frau Meister solle dableiben zum Abendessen ... Beim Abendbrot war Tante Meister sehr blaß und still. Ich frage nach dem Onkel. Er sei verreist. Ich bedauerte lebhaft sein Fernsein und erzähle, daß wir Mädels alle so für den Onkel schwärmen, ... Blicke wechseln zwischen Mama und der Tante ... »Quäle die Tante nicht so mit deinem Schwatzen, sie hat Kopfschmerzen«, sagte Mama ... Papa wird ja nachher wohl auch noch ein Wörtchen mitreden von wegen Scheidung und so. So'n guter, harmloser Mensch, der Onkel. Mag'n schönen

Schreck gekriegt haben! Und die Tante hat sich nun, als sei das was ganz besonders Schlimmes ... Mein Gott, ich sehe doch, wie auf der Tauentzienstraße so oft verheiratete Damen angesprochen werden, und daß sie dann auch wirklich mit weiterlaufen. Heute will sich eben jeder amüsieren ... Wenn ich mal heirate ... kann sich mein Mann ruhig noch nebenher amüsieren ... ich tu's eben auch. Ist ja in Berlin gar nicht anders möglich ... Geradezu lachhaft ... Tante Meisters veraltete Ansichten ... Mite Bürger sagt, sie wählt sich mal ihren Mann nach dessen Freunden ... Ha! ... jetzt lachen sie ja drüben. Papa hat wohl wieder'n Witz gemacht. Na also, wird wohl die Karre wieder in Gang kommen, und Herr Meister seine vorübergehende Geistesverwirrung für diesmal auch überwunden haben ... Was? ... Eben telephonierte ja Papa mit Onkel Meister! ... Der is zu Hause?!! ... Papa sagte: »Na, oller Schwede, biste da? ... Ja, ich weiß alles ... komm nur her, alles allright ... nu natürlich, sie is ja hier, erwartet, daß du sie abholst ... bon, in einer halben Stunde kannst du hier sein. Wie, nimmst'n Auto? Adieu.« ... Hat der Mensch Töne?!!

12. Dezember.

Weihnachten steht vor der Tür. Was soll ich nur schenken, wo ich so schon immer an chronischem Da'les leide?! Und dabei findet Mama schon die zehn Groschen wöchentliches Taschengeld unerhört viel ... gewöhnlich ist's am ersten Tage schon alle. Allein die Schulden, die ich schon habe!!! Muß mal den Egon Petri wieder'n bißchen anpumpen ... ist ja das einzige, wozu er zu gebrauchen ist. Der Dümmling ist ja tatsächlich imstande, darin eine ganz besondere Gunstbezeugung zu erblicken. Zur Zigarettenlieferung ist er ja ohnedies verpflichtet.

16. Dezember.

Bei Tante Ella war ich heute. Der Herr Staniol saß wieder da. »Grieß Gott, Freiln, schau'ns dös freit mi, Ihna mol wieda z'sehn!« Dazu futterte er wie ein Eichhörnchen sämtliches Gebäck weg und schien das auch als sein gutes Recht anzusehen. Tante Ella ist ja total verrückt. So'n Drecklinski um sich zu dulden ... Sie schien auch gar nicht so »erfreit« über meine Anwesenheit, und ich ging auch bald wieder. Sie leuchtete den Menschen mit ihren Augen förmlich an vor lauter Verliebtheit. Gar keine Beherrschung! ... Würde ich nie machen ... Männer müssen immer denken, daß sie unsrer nie sicher ... können dann Fangball mit ihnen spielen! Kann man so richtig in Bierbaums »Prinz Kuckuck« erkennen, was ich eben lese. Ich müßte eben Tante Ella mal etwas in Schule nehmen. Sie steckt ja noch in Kinderschuhen in bezug auf galante Abenteuer. Noch aus der guten alten Zeit! ...

25. Dezember.

Weihnachten! Schönes Fest, frohe fröhliche Tage. Stimmungsvoll und hübsch bei uns. Das versteht ja Mama großartig, so was liegt ihr. Papa lobte den vorzüglichen Karpfen, war sehr gemütlich. Fred mit Mama wieder ein Herz und eine Seele. Sehr hübsche Geschenke für uns alle. Zu nett, alle Jahre mal so ein familiäres Fest! Ich komme mir ordentlich geläutert vor ... Mama im weißen Tuchkleid, das schöne blonde Haar zu dem frischen Gesicht ... sie sah direkt jung und unsäglich harmlos aus ... als ob sie nie etwas Pikantes, Interessantes erlebt hätte. Papa war wohl auch nie für Erlebnisse. Von Tante Ella bekam jeder eine Landschaft. Ich wunderte mich schon, warum sie jedem ein Schachbrett schenkt... es war aber ein Irrtum von mir, sie ist auf Herrn Staniols Veranlassung zu den Kubisten übergegangen!!! ... Papa und Fred sind in Heller Begeisterung über die vorzüglichen Zigaretten, die ich ihnen spendiert habe, ja ... Papa war fast gerührt über sein opferfreudiges Töchterchen, das soviel Geld für ihn ausgegeben hat!!! ...

5. Januar.

Nein, wie herrlich! Jetzt kenne ich doch die Mabel Clibborn persönlich! ... Das kam so: Heute nachmittag kam sie mir ganz allein auf dem Kurfürstendamm entgegen. Als sie mich erkannte, blieb sie stehen, ging dann freundlich auf mich zu und gab mir die Hand. Wie eine große Dame: ... Sie hätte schon lange den Wunsch, mich kennen zu lernen, und ich sollte sie und ihre Mama doch mal besuchen, die sich sicher auch sehr freut, mich kennen zu lernen ... Schön sah sie aus!! Allerdings rot geschminkte Lippen, und auch die Augenbrauen schienen gefärbt, aber das tun in Paris und London eben die vornehmsten Damen. In Berlin ist's auch schon fast überall durchgedrungen. Uns fehlt eben doch bei aller Eleganz die höhere Kultur der Französin ... der Esprit ... auch in der Kleidung. Gott, wenn ich erst erwachsen sein werde! ... Mabel war kolossal elegant. Schickes Trotteurkostüm, große Pelzstola mit passendem Muff und Hütchen. Dazu Lackstiefel mit hellgelbem Wildleder. Ein Parfüm hatte sie ... wunderbar! Ich besuche sie dieser Tage ... bin sehr gespannt.

11. Januar.

Gestern bei Lisa Stein große Kaffeegesellschaft. Auch der lustige Onkel Fritz war da. Er sagte zu Mama, er liebe die Jugend sehr und fühle sich so zugehörig zu uns. Frau Stein geriet wieder in Ekstase über Lisas Schönheit, die sich täglich mehr entwickele. Ob wir das nicht auch fänden? Mama findet das so ungebildet ... Nun ist ja Lisa wirklich ein hübsches Mädchen, schwarze Augen und hellblonde dicke Zöpfe, dazu ein schmales Gesicht und schon sehr groß und stark. Aber schließlich ... sind wir andern ooch nich von Pappe ... und Mama denkt sicher ... ich sei die Hübscheste.

14. Januar.

Nun war ich das erstemal bei Mabel Clibborn. Ihre Mama war auch entzückend. Es ist übrigens wirklich nur ihre Stiefmama, liebt aber Mabel sehr. Der Vater ist seit ein paar Jahren tot, und Mrs. Clibborn weinte, als sie von ihm sprach. Mabel zeigte mir einen Teil der Wohnung, alles kolossal üppig und reich. Bei einem sehr großen Raum stand die Tür halb offen, die machte aber Mrs. Clibborn schnell zu ... und sah Mabel dabei fast böse an. Wahrscheinlich war darin nicht aufgeräumt ... so was ist ja meiner Mama auch peinlich vor Fremden ... Dann Mabels Reich!! Ihr Wohnzimmer oder Salon, wie sie's nennt, mit goldenen Möbeln und echten Teppichen, und die Wände mit roter Seide bespannt, an den Fenstern seidene Gardinen; es war wie in einem Märchen. Und erst ihr Schlafzimmer! Alles in Hellblau und Weiß. Seidene hellblaue Bettdecke, seidene Gardinen um das große prächtige Himmelbett, das erhöht auf einer Estrade stand. Daneben die Badestube in weißem Marmor ... Wie eine kleine Königin wohnt sie. Die Leute müssen ja immens reich sein. Mabel nimmt nur noch zu Hause Privatunterricht. Das frühe Aufstehen soll ihr nicht bekommen ...! (Bei mir fragt kein Deuwel danach.) Gott war die Mrs. Clibborn wundervoll gekleidet! So geht Mama höchstens in ganz große Gesellschaft. Zu schade, daß Mama sie nicht auch persönlich kennt ... da verginge ihr sicher bald diese ganz unbegründete Antipathie ... Ich werde jedenfalls recht oft hingehen. Wer weiß, wozu einem der Verkehr nicht noch alles nützen kann!

21. Januar.

Gestern Schlußball unserer Tanzstunde. Glänzend! Habe mich famos amüsiert, da noch viele fremde Herren da, die eingeladen waren. Menge Blumensträußchen heimgebracht. Werner wütend auf mich. Man hat mir sehr den Hof gemacht. Werner nannte mich zum Schluß noch eine herzlose Kokette. Frechheit! Ein Freund von ihm ... Student der Medizin ... machte mir stark den Hof. Hübscher Junge! Fritz Kley heißt er. Der kann trinken! Treffe mich morgen auf der Schlittschuhbahn mit ihm. Dr. Bilinski war aber doch der Lustigste von allen.

2. Februar.

Dumme Geschichte! Brauche Geld ... Mabel hat Geburtstag. Kann ihr doch kein lumpiges Sechsergeschenk machen ... ist ja maßlos verwöhnt. Egon lieh mir ja neulich zwanzig Mark, aber er wollte unbedingt einen Kuß dafür. Vertröstete ihn aufs nächstemal. Schrecklicher Gedanke! Der Mensch spuckt immer wie'n Lama beim Sprechen. Eklig ... Was machen? Werner Mühling? ... Selbst froh, daß er nichts hat ... Kley? ... kenne ich noch zu kurz ... Ostermann? Richtig ... versuchen.

4. Februar.

Hab's bekommen ... vorhin. Gleiche Bedingungen wie Egon Petri. Gern erfüllt für zwanzig Märker. Fein, daß Küsse so hoch im Kurs stehen. Muß Konjunktur ausnützen, wie Papa jetzt beim Eisen. Affäre von einer Minute ... Ostermann in Eile, da er Besuch erwartete ... Darauf mit Kley in eine Konditorei ... machte mir unheimlich Komplimente, bestellte mir Likör, Benediktiner. Fein, fein! War selig darüber, da ich ihn für mein Leben gern trinke. Kley sagte, er habe zu Hause Auswahl an Likören, da er großer Freund davon, ich solle mal probieren kommen. »Na nu, machen Sie aber 'n Punkt«, sagte ich lachend, »ich kann doch nicht zu Ihnen auf die Bude kommen.« Ganz dumm sieht er mich an. »Wieso denn nicht? Heutzutage, wo die jungen Damen so frei erzogen werden? Ist ja gar nichts dabei ... kann ja jeder wissen.« Ganz gekränkt war er. War mir ordentlich peinlich, und ich trinke doch für mein Leben gern diesen Likör ... Ich lenkte ein und sagte: »Vielleicht morgen ... vielleicht übermorgen?« ... »Na also«, sagte er, »doch ein vernünftig Wort!« ... »Ich will Sie ja auch nicht fressen ... dazu sind Sie auch viel zu niedlich ... aber wir sind doch quasi Kollegen ... beide studieren wir noch. Donner ja ... ein Schuft, wer dabei was findet.« Seine Schmisse glühten richtig vor lauter Überzeugung. Hat ja recht. Interessiert mich schon lange, mal 'ne Studentenbude kennen zu lernen ... Aber Ehrenwort, daß Werner Mühling nichts erfährt!! Gab er mir ... Zu interessant das Leben ... Nietzsche hat ja so recht ... man soll das Leben genießen, solange man noch jung ist! ...

7. Februar.

Was man doch für komische Dinger erlebt! Heute bei Mabel. Lernte dort zwei junge Herren kennen. Einer spuckhäßlich, schafsdämlich von Angesicht, aber ... blödsinnig elegant. Brillanten wie 'n Taubenei. Das war ein Herr Held. Der andere klein, dünn mit scharfem kalten Gesicht, hübscher Mensch, war Dr. Keller. Der ist furchtbar lustig. Erkannte ihn kaum wieder, als er anfing Ulk zu machen. Mabel liebt das sehr. Held's Schafgesicht grinste. Mabel war so sehr nett zu ihm. Unbegreiflich ... Der Mensch trägt auch noch Monokel!!! ... sieht zum Heulen aus ... Plötzlich erschien Mrs. Clibborn mit Hüten und Mänteln der Herren auf dem Arm, ganz bestürzt und flüstert: »Schnell ... schnell die Hintertreppe runter oder verstecken, der Alte kommt ...! Weg waren alle. Mabel flüsterte gerade noch: »Nichts von den beiden erwähnen«, als auch schon »der Alte« erscheint. »Onkel Harald« hieß er, und Mabel empfing ihn mit furchtbar viel Worten und großer Zärtlichkeit. Mich stellte sie als ihre neue Freundin vor ... nannte aber nicht meinen Namen ... Der alte dicke Herr mit den kurzen Beinchen und der großen Warze unter dem Auge, sah mich, glaub' ich, verdrießlich an, und so empfahl ich mich. Die ganze Flucht der Herren war mir sehr unklar ... muß ich aber rauskriegen.

15. Februar.

Nachmittag Likörprobe abgehalten. Famoser Stoff dabei gewesen. Aber dieser Fritze, der Biedermann ... wollte partout zärtlich werden. Nach den ersten drei Gläsern verdrehte er schon die Augen, packte meinen Zopf, schwärmte von schönem Frauenhaar und wollte mein Haar aufmachen. Schließlich wollte er auch noch 'n Kuß! »Kurs steht zu hoch für Fritz Kleys Kapitalien«, sage ich ihm. Verstand er nicht ... schad't auch nichts. Ich blieb fest ... er wurde wütend. »Albernes Benehmen«, schrie er, »so 'n Getue! Wozu biste denn hergekommen? Hab' doch keine Destille.« ... Er war betrunken ... verträgt ja weniger als ich. Ich ging.

Mit Jungens soll man sich eben in meinem Alter nicht mehr einlassen ... Werde dies unwürdige Verhältnis lösen.

19. Februar.

Vorhin begegnete ich mit Lisa Stein auf dem Tauentzien-Bummel ... Werner Mühling. Er wurde rot bis unter den Hut, sah mich einen Augenblick froh an, dann verdüsterte sich aber auf einmal sein Gesicht ... er wandte den Kopf zur Seite, sah über mich weg und ... grüßte nicht einmal. Sicher hat der Kley, der Affe ... gequatscht. Gemeinheit! ... Pah ... was kümmert es den Mond, wenn ihn der Hund anbellt!? ... Gibt noch Männer genug auf der Welt ...

23. Februar.

Wann man auch zu Tante Ella jetzt kommt ... der Staniol ist immer da. Aber welch eine Überraschung heute! Der Herr Staniol saß da, als sei er eben von Spindler frisch gereinigt angekommen ... so »Auf Neu gewaschen!« »Schau, schau, unser Freiln Litta kommt auch amal wieda!«, sagte er, streckte mir die dünnen gelben Finger hin und fletschte mich mit den langen Zähnen freundlichst an. »Jo, jo, i Hab' halt a Heimweh nach den Herrn Staniol«, sagte ich feierlich knicksend ... Tante Ella schäumte vor Zorn ... Der Herr Onkel in spe grinste nur und fragte, woher ich den Weana Dialekt so gut kenne? »Oh mei«, sagte ich, »mir hoben jo alleweil so vüll Obaretten aus Wean, und im Gesangsunterricht in der Schul lernen wür dann die Lieda draus ... Wissen's, das is so vüll nötig für's daitsche Volk und saine Büldung« ... Da packte mich aber Tante Ella am Schlafittchen und hätte mich sicher rausexpediert ... aber der weiche Mensch, der Stani, legte sich für mich ins Mittel, und da sah ich, daß er von oben bis unten funkelnagelneu eingekleidet war ... »Gott, sind Sie aber nobel!«, sagte ich. Das beglückte die liebe Tante sehr. Er drehte sich um und um ... ganz ungewohnt solchen Glanzes ... stolz, wie ein Pfau ... Tante Ella hat sich's was kosten lassen!

25. Februar.

Gott! Was bin ich aber jetzt erschrocken! ... Eben war Mama in meiner Stube, und aus meinem Tisch lag groß und breit der zweite Band von ... »Prinz Kuckuck« ...!! Mama las flüchtig den Titel und sagte dann: »Na, was liest du denn da für'n Schmöker?« »Ach, ein Märchenbuch von Mite Bürger«, sagte ich halbtot vor Angst, das; Mama drin rumblättern könnte! Mama lachte: »Kleiner Kindskopf ...«, dann fing sie aber zum Glück was anderes an. Wie gut, daß Mama noch so unerfahren ist!!! ...

28. Februar.

Nun bin ich doch mal zur Mabel gegangen, um zu hören, was das neulich bedeuten sollte? Sie sprach aber kein Wort davon, und mir war es peinlich, zu fragen ... Sie zeigte mir neue Kleider ... sie trägt nur seidene Wäsche ... wundervolle Sachen! Und Schmuck hat sie wie eine Prinzessin. Sie geht auch schon viel ins Theater, und ihre Mama gibt viel Gesellschaften, da ist Mabel immer schon dabei ... Ach, die Ausländer sind in so was eben ganz anders als wir schwerfälligen Deutschen. Könnte ich doch Mama mit Mrs. Clibborn bekannt machen ... von der könnte sie so manches lernen ... Mabel reitet auch schon und spielt famos Klavier. Ihre Mama wünscht das alles und ... Onkel Harald, sagt sie, fast schüchtern nach mir sehend ... Auf der Treppe begnete mir dann Dr. Keller. Er kehrte um, faßte mich untern Arm und schob mich in sein untenstehendes Auto. Ich war erschrocken, da kniff er mich lachend in die Backen und sagte: »Ach, leisten Sie so einem armen einsamen Junggesellen doch ein wenig Gesellschaft. Jetzt ist's dunkel, keiner sieht uns, fahren wir ein bissel raus.« Wir fuhren wohl eine Stunde rum, plauderten, lachten ..., er küßte mich sogar im Eifer aufs Ohr, und es war wirklich sehr amüsant ... Ein ulkiger Mensch. Er hatte allerhand Süßigkeiten mit und muß wohl sehr reich sein, da das Auto ihm selbst gehört. Er wohnt auch allein in einer Villa im Grunewald ... Zum Abschied küßte er mir noch die Hand ... Das fand ich nun bildhübsch.

5. März.

Mein erstes hübsches Erlebnis heute! ... Ich ging für Mama Besorgungen machen. Es war so kalt, und die Hände wurden mir ganz steif. Eben blies der Wind mir fast den Hut vom Kopf, ich will ihn halten, und da fallen mir alle Päckchen aus der Hand. Ich bücke mich danach, und gleichzeitig überreicht mir schon ein reizender junger Mensch die Paketchen. Ich dankte, und er fragte, ob er sie mir nicht ein Stück tragen dürfe ... er sei momentan doch beschäftigungslos. Dann lachten wir ... er hat prachtvolle Zähne ... und ich bog nach einer Seitenstraße mit ihm ein ... Er behandelte mich wie ein Kind. Fehlte bloß noch, daß er »du« zu mir sagte und mir beim nächsten Bäckerladen ein Zuckerchen taufte. Er fragte gleich nach der Schule ... wo wir in der Geschichte wären? ... und ob ich auch schon mal im Theater war??!! ... Der is sicher nicht aus Berlin ... dachte ich, und richtig erzählt er mir auch schon, er sei vor vierzehn Tagen für zwei Jahre auf Kriegsakademie nach Berlin kommandiert worden. Bisher in Schrimm ... winziges Nest. »Nu lernt man jahrelang im Schweiße seines Angesichts Geographie«, sagte ich, »und ich wußte bis heutigentags nichts von Schrimm.« Hat er da gelacht! Na, der wird sich ja noch wundern hier ... Leutnant Kurt von Niedeck ... hübscher, klangvoller Name! Gewiß alter feudaler Adel. Wie mich wohl meine Freundinnen um diese Bekanntschaft beneiden würden. Er wohnt ganz in unserer Nähe. Beim Abschied schüttelte ich ihm die Hand, wie ein Soldat dem andern, und das belustigte ihn wieder sehr. »Nun geht's wohl an die Ausgaben?«, fragte er. »Adieu, kleines Fräulein, wenn Sie wieder mal so viel zu schleppen haben, schreiben Sie mir vorher eine Karte, ich komme wieder mit.« Entzückend sah er aus, dies frische lustige Gesicht mit dem blonden welligen Haar, und der Mund! ... Zum Küssen! ... Aber er hat nicht einmal gefragt, wann wir uns wieder treffen! ...

12. März

Schau, schau ... der Herr Staniol! ... Sah ihn doch heute gegen Abend mit einem sehr schicken Mädel am Arm im Kino am Kurfürstendamm verschwinden. Er ... Donner ja! Elegant wie'n Graf ... kaum zum Wiedererkennen. Muß mal nächstens Tante Ella aufsuchen. Kann doch den Kerl nicht ausstehen ...

15. März.

Gestern mein Geburtstag. Endlich fünfzehn! Wieder ein Schritt weiter. Einladung meiner Freundinnen, war ganz nett. Nur immer so'ne

Komödie, weil Mama so in der Nähe! ... Bekam u. a. von Mama auch Bücher. Backfischgeschichten!!! Was soll ich damit? Ostermanns Bibliothek ist ja so ergiebig. Er lacht ja über unseren Bildungsdrang, aber man kann doch später überall mitreden.

Heute großer Krach bei uns! ... In unserem Hause wohnt eine junge Dame ... ein Fräulein Saltini ... ganz allein mit einem goldigen Hündchen in einer großen Wohnung. Als ich heute früh zur Schule ging, stand an ihrer Tür mit Kreide geschrieben: »Absteigequartier«! Bei Tisch fragte ich ganz dumm, was das heißen soll, und erzählte die Sache! ... Die Eltern erstarrten förmlich bei meinen Worten, und Mama mit flammendrotem Gesicht stöhnte bloß noch zu Papa: »Arthur, jetzt kündigst du aber.« Und Papa telephonierte sofort dem Wirt, und der sagte wieder: »Die Person muß raus ... Skandal fürs ganze Haus ... tausendmal Entschuldigung!« ... Ich höre ja bloß immer nur'n paar Brocken, und wenn ich frage, werde ich angeschnauzt. Fräulein Saltini tut mir ja leid. »Sie ist immer sehr freundlich gegen mich«, sagte ich zu Mama, aber da bekam sie fast

Krämpfe: »Unsere Kinder ... unter einem Dach mit ... ah ah ... Pesthauch für junge unverdorbene Menschen ... ah ah.« ... Herrjeses, hat sich aber Mama! Ich sehe sie ja immer nur auf der Treppe ... mich hat sie noch nicht verpestet. Solche wohnen doch in allen feinen Häusern ... bei Mite wohnen gleich drei und gerade in den teuersten Wohnungen. Ich finde das riesig interessant ... da kriegt man doch auch mal was davon zu sehen. Ich weiß doch alleine, was los ist ... da muß man uns eben die Augen verbinden ... Unsere Köchin sagt mir eben, der Portier sei wild, daß Fräulein Saltini raus müßte ... er habe klotzige Trinkgelder von ihr bezogen. Der wird nun Mama schön schikanieren!!

21. März.

Nun haben wir eine aus der Provinz in die Klasse bekommen. Eva Lüders heißt sie. Gott, ist die noch kindisch! Unbegreiflich, wie man mit fünfzehn Jahren noch solch ein Gänschen sein kann. Mite Bürger fragte sie, ob sie in ihrem Posemuckel auch manchmal Herrenbekanntschaften gemacht habe? ... »Ich bin ja noch viel zu jung zum Tanzen, meint Mama.« Ach, das unschuldige Gesichtchen mit dem blonden Lockenkranz ... direkt süß sah sie aus. Sie ist sehr schüchtern, und wir werden uns ihrer wohl sehr annehmen müssen. Sie weiß effektiv noch nichts, glaubt sicher noch an Storch und Weihnachtsmann, und daß der Osterhase Eier legt!

27. März.

Habe eben Mamas Tagebuch gelesen, das sie als Backfisch geschrieben hat. Unterscheidet sich sehr wesentlich von meinem! ... Ich war ordentlich gerührt ... hätte am liebsten darunter geschrieben: »Betend, daß Gott dich erhalte!« ... Eva Lüders könnte ihre Tochter sein ...

Heute erwischte mich Mama mit Ostermann auf der Straße. Ich trennte mich sehr eilig und höchst ehrerbietig von ihm, dann zu Mama und ihr erzählt, das sei unser Zeichenlehrer. Hat's wahrhaftig geglaubt!! ... Ostermann hatte sich in einer Tierhandlung einen Affen gekauft und mich dazu mitgenommen. Reizendes Tierchen! ... »Der Frühling« ist fertig. Famos hat Ostermann uns getroffen. Bild soll glänzend gelungen sein ... verspricht sich viel davon. Gab uns kleines Fest hinterher. Sekt,

Gebäck, Hummermajonnaise und alles, was wir uns gewünscht hatten. Ostermann sehr aufgeräumt, Helbing voller Späße. Ganz bacchantisch war es. Mite hatte kleinen Schwips! Ich kam ganz müde nach Hause. Mama mit Papa zum Glück im Theater. Schade, daß ich's nicht vorher gewußt. Wie's am schönsten wurde ... mußten wir heim. Wie kleine Kinder. Unwürdig so 'ne Behandlung auf die Dauer ... Jetzt malt er mich allein, d. h. mit dem Äffchen ...

1. April.

Bei Mabel heute Karten gespielt. Der Held ist doch brauchbarer, als man denkt. Habe doch neun Mark bei ihm gewonnen! Macht ihm gar nichts aus, glotzt meist Mabel an, die mindestens fünfzig Mark bei ihm gewonnen hat. Später ging ich mit Keller ins Kino. Haben immerzu gekichert und Witze gemacht. Er hätte mich gern mitgenommen zum Souper. Man ist ja so versklavt! ... Habe aber wenigstens wieder Moneten!

6. April.

Was soll man da noch sagen? Gehe heute zu Tante Ella, will ihr Augen öffnen. Leider Staniol wieder da. Wohnt wohl schon da? ... Ich gleich losgeschossen: »Na, Herr Stani, wie war's denn neulich im Kino mit dem hübschen Mädel, das sie da am Arme hatten? ... Nur ein Lächeln zierte das Slowakengesicht: »I versteh nit ... i kenn kain hibsches Mädel außer Freilein Litta, i geh auch in kain Kino, ernster Kinstler geht do nicht.« ... »Aber ich habe Sie doch gesehen, in dem Anzug von Tante Ella waren sie ...«, weiter kam ich nicht, Tante Ella führte mich zur Türe, ich würde immer unverschämter ... Gast beleidigen ... junges freches Ding ... unerhört ... und draußen war ich. Drinnen wohl Verteidigung ... Versöhnung! ... Geschieht der alten Jungfer recht ... soll nur reinfallen. Wollte ihr helfen, und sie schmeißt mich raus. Ich habe jedenfalls meine Pflicht getan.

10. April.

Wundervolle Erfindung ... diese Autos! Was sollte ich heute in der Turnstunde? Dieses blöde Armerecken, seitwärts, abwärts, vorwärts. Wir sind doch keine Rekruten. Ich schützte Kopfschmerzen vor. Fräulein Sommer entließ mich mitleidsvollen Blickes ... An der nächsten

Straßenecke schlüpfte ich in ein Auto, worin Dr. Keller auf mich wartete. Zehn Minuten später in seiner Villa im Grunewald ... Herrlich! Zeigte mir alles. Der Mann muß schwer reich sein. Er tat immer sehr verzückt, wenn er mich ansah ... Kennt man ja nun auch schon. So machen's alle im Anfang. Oller Schwindel. Nur Wickelkinder fallen darauf noch rein, wenn man noch schön bäh bäh oder sonstige Naturlaute dazu ausstößt, dann Haschen sie mit den Händchen nach dem Schnurrbart der Männer. In meiner Klasse sind wohl nur wenige mehr in diesem Urzustand ...

16. April.

Fataler Zusammenstoß! ... Wollte heute mit Keller in eine Konditorei gehen, als plötzlich Fräulein Saltini vor mir auftaucht... Wütend sieht sie mich an, und als sie neben mir geht, sagt sie: »Na, wenn ich nun Ihrem Hauswirt telephonieren wollte, was da für ein Früchtel in seinem Hause wohnt?!!« ... Ich ließ Keller stehen, eilte ihr nach und sagte: »Ach Fräulein Saltini, ich kann doch wahrhaftig nichts dafür ... ich hatte mit Mama großen Zank Ihretwegen, weil ich Ihre Partei ergriff. Seien Sie doch nicht böse auf mich.« Da lachte sie sehr nett, gab mir die Hand und sagte: »Na denn nichts für ungut … ich will auch nicht so sein … und ich bin ja wieder gut untergekommen.« Ich fragte, wo sie wohne, und ob ich sie mal besuchen dürfe? Ganz erstaunt und durchdringend sah sie mich an und meinte, ich sollte nur kommen, aber der Mama sagte ich's besser nicht … Werd' mich schön hüten!! … Der Herr dort sei wohl mein Vetter!? … zwinkerte sie mich an! … Ich lachte bloß und versprach ihr, sie bald zu besuchen.

In der Konditorei bat mich Keller: doch endlich »du« zu ihm zu sagen und »Heinz«!! Verzichte händeringend. Viel aparter, sich »Sie« zu nennen … trotz allem. Reizt ja weit mehr. Kann mich doch nicht mit Gott und der Welt duzen …

25. April.

Eva Luders ist doch noch ein Bähschäfchen. Heute sagt sie zu Lisa Stein: »Ach Lisa, gestern abend, als ich mit Mama im Kaufhaus war, sah ich dich mit deinem Papa auf der Tauentzienstraße.« So harmlos selbstverständlich sagte sie dies, und Lisa hat doch gar keinen Papa mehr, der is ja lange tot. Alle johlten. Sie sah reizend verlegen aus. Aber Lisa sagte: »Wohl möglich, ich gehe oft mit Papa spazieren oder mit meinen Onkels. Ich Hab eine Menge Onkels hier, wir sind eine Riesenfamilie. Wirst mich vielleicht noch öfter sehen.« Frech ist diese Lisa! ... Wer mag da wieder mit ihr gewesen sein?!

30. April.

Ich bin in einer heillosen Aufregung ... Komme eben von Ostermann. Der Mensch muß verrückt sein ... Bittet, fleht wie ein Bettler ... ihm bei dem neuen Bilde so Modell zu stehen, wie er es wünschte ... gänzlich unbekleidet!! Ich: »Vollkommen ausgeschlossen.« Er wird weich ... zärtlich ... ich bleibe bei meiner Weigerung. Schließlich einigten wir uns auf seidene Schals über dem Körper ... die ich mir aber selbst arrangiere! Er einverstanden. Also ich liege in aller Seelenruhe und schöner Pose auf dem Ruhebett ... der Affe possierlich an einem Kettchen sitzt zu meinen Füßen, und wir gucken beide nach Ostermann, der seit einer Weile zeichnete. Plötzlich wirft er die Kreide zur Erde … der Affe kreischt auf und hüpft erschrocken in die Ecke … ich erhebe mich erstaunt … da steht Ostermann mit rotem Gesicht neben mir, packt mich am Arm und fängt wieder an: »Litta, tu's doch … ich denke seit Wochen nur an die Kombination dieses Bildes … hilf mir doch … ich kann die Schals nicht brauchen … es wird ja was ganz anderes. Verlange von mir, was du willst, aber erfülle meinen Wunsch.« Fast weinend saß er neben mir, streichelte mich, küßte mich, ganz zart erst … als ich aber bei meiner Weigerung verblieb, riß er an den Schals … ich hielt sie fest und wehrte mich, als ginge es um mein Leben. Er küßte mich jetzt wie ein Wahnsinniger … der Affe schrie dazwischen … und desto wilder wurde Ostermann. Plötzlich fiel er totenblaß neben mir auf die Erde … Ich war außer mir vor Entsetzen und wagte nicht, ihn anzufassen. Ich fror schrecklich, und als er sich regte, warf ich schnell eine Decke über mich und wollte zu meinen Kleidern eilen. Der Affe jagte mit lautem Schreien hinter mir her, und ich blieb halbtot vor Angst stehen, sehnsüchtig nach meinen Kleidern guckend … Da schlug

Ostermann die Augen auf und sah fast verlegen nach mir. Er deutete nur nach meinen Kleidern und erhob sich dann langsam. Ich zog mich schnell an … Er gab mir beim Weggehen die Hand … ich sollte ihm verzeihen … seine Kunst … seine Ideen … wenn da einer den Flug nicht mitfliegen könne … er sei ganz fertig. Er will es aufgeben, wenn er nicht das geeignete Modell finden kann … Ich gehe nicht mehr zu ihm. Jetzt tut er mir ja leid … aber das ist ja unmöglich. Bin doch keine Saltini oder so was …! Er hat für solche Einwände gar kein Verständnis, wenn es sich um die Kunst handelt, sagt er. Da sei jedes Mittel erlaubt. Na ich danke!!! …

5. Mai.

Mite Bürger bringt der Eva Lüders den Begriff: »Berliner Leben« bei. Eva akklimatisiert sich peu à peu. Kommt täglich den Dingen mehr auf den Grund. Gibt sich redlich Mühe, sich vor uns nicht weiter lächerlich zu machen! Ich nahm sie mal heute mit auf den Tauentzien-Bummel. Sie war ganz verängstigt … armes kleines Ding! Ich fragte sie: »Sag' mal, warst du schon mal verliebt?« Feuerrot wurde sie und stotterte: »Nein, nein, o Gott, was du fragst!« Ein Kind ist sie ja noch … ich komme mir vor, wie eine Frau von vierzig Jahren neben ihr. Am Wittenberg-Platz mußte ich mich verabschieden … hatte anderweitige Verpflichtungen. Da begegnete uns Willi Eggers … alter, aber flüchtiger Bekannter von mir …, noch auf Prima mit zwanzig Jahren … Hübscher Bengel! … Faul wie die Sünde … rennt nur den Weibern nach. Ich stellte ihn noch schnell der Eva vor und ging. Arme kleine Eva, deine Hilflosigkeit hätte ich noch sehen mögen!

11. Mai.

Jetzt wundere ich mich über gar nichts mehr. Ich bin einfach platt! Sollte Mama diesmal doch einen bessern Riecher gehabt haben, als ich … die Welterfahrene?! … Sitze da heute in aller Seelenruhe gemütlich bei Mabel, trinken Tee, plaudern … draußen klingelt's … Mabel wird abgerufen und erscheint nach wenig Minuten lustig plaudernd wieder am Arm von … Dr. Bilinski!! Ich springe förmlich vom Sitz auf vor freudiger Überraschung … er … sieht mich an, wie ein furchtbares Gespenst … sein Lachen wird zu einer Grimasse ... er streckt abwehrend die Hände nach mir ... gebietet mir förmlich zu schweigen, obgleich ich noch keinen Ton gesprochen hatte. Allmählich kommt er wieder zu sich. Mabel tut sehr besorgt ... ich wage keinen Mucks mehr von mir zu geben. Was ist denn los? ... was bedeutet das? ... Da kommt er auf mich zu, gibt mir die Hand und sagt zu Mabel: »Entschuldige, liebes Kind, ich muß erst mal die junge Dame hier rausbringen, mir scheint, ihr ist nicht ganz wohl ... ich bin Arzt ... ich kenne sie.« Er sah mich finster, fast drohend an, und ich gehorchte ganz willenlos. Was war denn nur los? fragte ich mich immer wieder ... Kaum sind wir auf der Treppe, da faßt mich der Doktor am Arm und stößt aufgeregt hervor: »Um Gottes Willen, sagen Sie bloß, was machen Sie da oben? Wie kommen Sie in das Haus dieser Kupplerin, in diese Spielhölle?!« ... Na und allmählich erfahre ich denn die ganze Bescherung! ... Mrs. Clibborn ist Inhaberin eines berüchtigten Spielsalons, Mabel dient als Lockspeise dabei, und ein alter, sehr reicher und bekannter Berliner zahlt alles für Mabel! »Aha ... Onkel Harold mit der Warze und der

Hängelippe«, sagte ich. »Was? den kennen Sie auch schon?« Er ist ganz gebrochen, der gute Onkel Fritz, der sich so zugehörig zur Jugend fühlt ... also auch zu Mabel?!!! ... Keiner nennt da oben seinen Namen, höchstens junge, unerfahrene Leute. Er war in einer grausigen Erregung. »Ihr armen Eltern ... unverantwortlich die schlechte Beaufsichtigung der jungen Mädchen ... die verfluchte Freiheitsverhimmlung jetzt unter den Weibern ... das sind also schon feine Resultate davon« usw. usw. ... Er nahm mir siebzig Ehrenwörter ab, daß ich nie, nie wieder dies Haus betrete, sonst müsse er meine Eltern benachrichtigen und Lisa den Verkehr mit mir verbieten! ... Quatschkopp! Als ob Lisa nicht mindestens ebenso heimliche Wege wandelte?!! Ich weiß doch Bescheid, teurer Onkel Fritz! Ich versprach ihm alles, was er wollte. Endlich beruhigte er sich ... Wäre schön dumm, seinetwegen solch einen interessanten Verkehr aufzugeben ... muß die Sache von jetzt ab nur vorsichtiger anfangen ... Fehlte noch ... Eltern benachrichtigen! ... Oller Petzer! ... Ich tat ganz reuevoll zerknirscht, er ... befriedigt ab vom Schauplatz.

16. Mai.

Die Eva Luders ist in den Willi Eggers bis über die Ohren verliebt. Sie faselt von ewiger Liebe und Treue und ähnlichem vorsintflutlichem Mumpitz und verfällt wieder in ihre anfängliche kolossale Ehrpusseligkeit. Eigentlich gefährlich für uns. Ich glaube, vor lauter Anstand erzählt sie noch mal daheim unsere kleinen harmlosen Erlebnisse.

Tante Ella war heute bei uns. Sehr still und in sich gekehrt. Behandelte mich auffallend nett. Hat wohl vergessen, wie ich neulich ihr Staniölchen ärgerte? Ich wollte nicht nach ihm fragen ... aber schwer ist mir's gefallen, das zu unterdrücken ... Gestern besuchte ich auch Fräulein Saltini. Sie war riesig nett, und ihr Hündchen einfach süß. Ich mußte mit ihr Kaffee trinken, und ich fragte sie alles mögliche, was mich eben interessierte. Sie wollte sich über meine Fragen totlachen, gab mir aber sehr nett Bescheid. Das Leben ist doch interessant! ... Donner ja, was so eine »Dame« alles erlebt! Unglaublich! Und Courage muß sie haben! ... Auf Mama hat sie'n kleinen Pick. Sie sagt, ich soll nur öfter zu ihr kommen. Werde ich auch.

Schön ist sie ... nahe besehen ... ja gerade nicht, aber sie sagt selbst: »Schönheit ist wurscht ... frech muß man sein.« Das sagt ja Mite auch immer, bloß ... es kann's eben nicht jeder. Am liebsten möchte sie heiraten ... sich versorgen. Als Frau hat man alles leichter, meinte sie.

22. Mai.

Verwandte Seelen finden sich doch immer. Eva Lüders verkehrt nun nur noch mit den »Gefangenen« unserer Klasse. Wir nennen die sechs oder sieben, die von ihren Eltern so sehr streng gehalten werden und nie allein ausgehen dürfen, »die Gefangenen«. Zu albern sind die ... Aber das kommt von dieser blöden Erziehung. Gott, wie sie sich manchmal haben! Sie paßten alle noch in kleine Kinderwägelchen, die dann von der Bonne fortgeschoben werden. So eng ist ihr Horizont und so klein ihr Verstand. Sie halten noch richtige Kaffeekränzchen, wie ihre Urgroßmütter, tragen weite Röcke und sehen überhaupt aus wie altmodische Vogelscheuchen. Gar kein Schick und keine Aufmachung. Wunder ... daß kein Mensch sie auf der Straße anguckt! ... Ihre Mütter ahnen wohl gar nicht, was den Herren gefällt? ... Hete Vogt verstieg sich sogar neulich zu der Äußerung, wir kleideten uns schon wie Erwachsene, aber nicht wie Mädchen aus anständiger Familie. Ihre Mama habe gesagt, solche Mütter gehörten hart bestraft, die Mädchen in unserem Alter so herausfordernd ausputzten, wie wir es seien ... Ich finde, Hetes Mutter sollte wegen Feiheitsberaubung an ihrer Tochter bestraft werden ...

28. Mai.

Besuchten heute in corpore Dr. Keller in seiner Villa, Mite, Erna, Lisa und ich. Er war hocherfreut, bewirtete uns reizend und führte uns überall rum. Er hat sogar ein eigenes Badehaus! Ganz rund gebaut, alles in rosa Marmor mit großem Schwimmbassin, herrlicher Decken- und Wandbeleuchtung ... ganz moderner Stil ... viele Spiegel. In einer Ecke alles mollig zum Ausruhen. Ich würde ja den ganzen Tag da baden. Lisa schwärmte richtig, wie hübsch das wäre, wenn wir mal alle da rumschwimmen könnten. Dr. Keller gleich Feuer und Flamme für die Idee: »Ist ja famos, meine Damen, ich werde ein Wettschwimmen mit Ihnen und meinen Freunden veranstalten, Preise verteilen, Kostüme recht phantastisch besorge ich.« ... »Aber bitte dezent«, kam Erna dazwischen, die ja doch immer einen Stich ins gut Bürgerliche beibehalten wird. »Na aber selbstredend«, kam es im Brustton heiligster Überzeugung von Kellers dünnen spöttischen Lippen. »Vielleicht laden wir die verehrten Eltern als Zuschauer und Preisrichter dazu ein?«

30. Mai.

Vorhin traf ich Fräulein Saltini ... Elvira heißt sie mit Vornamen. Ist wohl italienischer Abstammung?! Sie war in Begleitung eines reizenden Japaners. Ich verstand leider kein Wort von dem, was er sagte. Er lachte immer nur, und wenn man ihn was fragte, sagte er stets: »Ffff ... ja!« Mehr verstand ich nicht. Ich ging bis zur Wohnung Elviras (der Name ist zu schön) mit und verabschiedete mich dann. Morgen zum Kaffee bei ihr. Vielleicht ist Japan auch vertreten?? Süßer Junge!

2. Juni.

Das war gestern das Schönste, was ich je erlebt habe! ... Drei Freunde von Keller und wir vier

Damen. Es war paradiesisch schön! Das Badehaus künstlich verdunkelt, und nur einige rote Lichter blitzten auf das Wasser in dem großen Bassin. Wie Glühwürmchen hüpften die Lichter hin und her. Brannten und verlöschten wohl automatisch!? Wir schwammen als Fische, Frösche, Schlangen usw. verkleidet rum, trieben viel Ulk, und wer am flinksten im Wasser war ... sollte den Preis erhalten. Es war Erna ... unser Sportgirl. Der Preis bestand in einem sehr eleganten seidenen Badekostüm. Die arme Erna wußte nicht mal, was anfangen damit, denn nach Hause wagte sie's nicht zu nehmen. Lisa kaufte es ihr hinterher für'n Taler ab. Der ihre Mama merkt so was gar nicht. Lisa sagt, sie zieht es noch am selben Abend an und präsentiert sich ihrer Mama damit. Die wird wieder in großes Entzücken über Lisas Schönheit in dieser Aufmachung geraten ... Die Herren mußten sich im Wasser ihre Tischdame Haschen. Das darauffolgende Mahl sollten wir in den verrückten Kostümen ... auf Polstern liegend wie bei den alten Römern ... einnehmen. Aber wir bestanden darauf, uns erst wieder anzuziehen. Keller wechselte enttäuschte

Blicke mit seinen Freunden. Die lachten, und der lange Hilger sagte: »Biste eben rinjefallen, Heinzemann!« Was sich der Keller bloß dachte? Es schmeckte uns auch angezogen ganz wundervoll. Wirklich schlemmerhaft war alles, und wir futterten wie ausgehungerte Packträger. »Das Wasser macht hungrig«, sagte die preisgekrönte Erna. Die hat immer sofort Hunger. Mite behauptet ... Erna habe einen Bandwurm ... Kurz nach sieben kam ich nach Hause. Mama schalt, wo ich so lange bleibe. Nach sieben liefe ein anständiges Mädel nicht mehr allein auf der Straße rum!! Ich erzählte, wir hätten einen gemeinsamen Ausflug nach dem Grunewald gemacht und den rechten Zug verpaßt. Das beruhigte Mama. »Wenn ihr wieder so was vorhabt, dann sagt's gefälligst in Zukunft vorher, daß man wenigstens beruhigt ist, wo ihr seid«, hieß es noch!!!

7. Juni.

Heute schrieb mir Tante Ella, ich möchte nachmittags doch zum Tee zu ihr kommen ...! Ich also hin zu ihr ... überzeugt, was Interessantes zu hören. Sie war allein... zum erstenmal allein!!

Blaß und elend saß sie vor dem Kamin … konnte kaum reden. Ihr sonst so frisches Gesicht war grau in grau, die netten braunen Augen wie erloschen. Sie schien nervös bei meinem Anblick und schwieg erst eine Weile. Dann plötzlich bat sie mich, ihr doch noch mal zu erzählen, wie das neulich mit dem … Stani … und dem … netten jungen Mädchen im Kino war. Aha! Da läuft der Hase? Na, dazu war ich ja nun gleich bereit, dem Affen eins auszuwischen. Tante Ella seufzte bei meiner Erzählung, … dann reichte sie mir Gebäck … seligen Gedenkens an Staniol futterte ich nun mal an seiner Statt ordentlich los … und sagte so nebenbei: »Er ist gestern mit der Dame ins Ausland geflüchtet … ein Mädchen aus gutem Hause … armes Ding!« Das war alles, was ich bei ihr in Erfahrung bringen konnte. Aber abends verhandelte Papa am Telephon die Affäre … er hatte es schon unterwegs erfahren. Der Staniol hat Tante Ella eine Menge Geld abgeschwindelt und soll ein typischer Heiratsschwindler sein. Tante Ella wollte sich demnächst mit ihm heimlich in England trauen lassen! Papa nur in rasendem Zorn. Ich hörte, wie er fragte: »Na, hast du denn dem Schweinehund so blindlings vertraut, ... hat dein Scheckbuch in Händen? ... sofort morgen sperren lassen ... Staatsanwalt übergeben ... wieviel biste denn losgeworden? Was? Siebentausend? Ist ja nicht die Möglichkeit!!! Der erste beste Hochstapler ist dir gerade gut genug ... wär' ja meine Litta schlauer (!!!) ... werde gleich mal zu dir kommen.« ... Schau, schau, dös war also der liabe Freind von Tante Ella!! Bin ordentlich stolz auf meine Menschenkenntnis. Könnte mir jedenfalls nicht passieren ...

10. Juni.

Heute verabredete ich mich mit Mite und Lisa ins Familienbad im Wannsee. Ich konnte erst später fahren, da ich Klavierstunde hatte ... Im Bad traf ich die beiden aber nicht ... sie waren wohl ins Freibad gegangen ... Ich blieb allein, und im Wasser lernte ich einen Herrn kennen, mit dem ich ziemlich weit rausschwamm. Er war wohl so an die dreißig, sehr groß und schlank, aber ich glaube fast, er hatte ... Plattfüße! Nachher erzählte er mir, er sei Rennstallbesitzer. Er stellte sich vor als ein Herr v. Rettwitz. Sah sehr nett aus, als wir später zusammen durch den Wald zur Bahn gingen ... So ein richtiger Aristokrat und Sportsmann im Äußern ... Ich schwindelte ihm vor, ich sei achtzehn Jahre alt und werde ausgehalten von einem reichen Berliner. Es machte mir direkt Spaß, mal zu sehen, wie man nun nach solchem Bekenntnis behandelt wird? ... Er nahm es sehr gelassen aus, und wir verabredeten ein Rendezvous, zu dem ich aber nicht gehen werde, da mein Schwindel dann gleich raus wäre.

War neulich bei der Saltini ... der Japs war nicht da. Ich bat sie, mich doch mal mit ihm gemeinsam einzuladen, wollte sie gern tun.

19. Juni.

Seit langem unterhielt ich mich nicht mehr eingehender mit Eva Lüders, aber gestern sah ich sie gemeinsam mit Willi Eggers im Zoo. Da fragte ich sie heute mal ein bißchen aus. Sie war aber sehr reserviert, als ich auf Willichen zu sprechen kam. Ich halte den für einen ganz gerissenen Jungen, und die Kleine ist solch ein Schäfchen, daß ich sie warnen wollte. Sie schwieg aber und sah nur sehr betrübt aus ... Wohl Abschiedsschmerz vor den Ferien! ...

Hübsch ist sie ja ... weiß Gott, wenn sie nur nicht so furchtbar hausbacken in ihren Anschauungen wäre. Sicher hält sie ihr Verhältnis mit Willi Eggers für eine große Sünde, denn sie verkroch sich fast vor Scham, als ich davon anfing.

28. Juni.

Welch ein entsetzlicher Tag!! Keller hat in der Großen Berliner Kunstausstellung Ostermanns Bild »Frühling« entdeckt und uns dreie sofort erkannt. Wir sind in wahrer Todesangst. Gleich zogen wir zu Ostermann und flehten ihn fast auf den Knien an, daß er das Bild zurückzieht. Wenn einer unserer Verwandten es bemerkt ... sind wir geliefert. Was machen wir bloß? ... Ostermann sagt, es geht nicht, er will es verkaufen, denn er brauche sehr notwendig Geld. Er sah fast über mich weg ... ganz kühl blieb er. War dann allein bei ihm, aber er tut's nicht, weil ich ihm damals seine schöne Idee zerstört habe. Ich versprach ihm Himmel und Erde und Sitzungen, soviel er will, bloß ... das Bild muß weg! Allmählich schien er weich zu werden ... »Ich will Ihnen ewig danken«, sagte ich. Das zog dann auch noch, und endlich sagte er, er wolle sehen, was sich noch dagegen tun läßt, ich soll morgen wiederkommen. Inzwischen war Mite und Erna bei Keller, doch sie trafen ihn nicht. Wir sind ganz verzweifelt. Papa hängt mich glatt auf, denn nun kommt ja wohl alles raus … Ich komme sicher zur Fürsorge oder zu Mamas Verwahrlosten. Erna behauptet sogar, wir kämen totsicher unter die Sittenpolizei. Ich bringe mich eher um … Das hätte uns doch Ostermann vorher sagen müssen … Das war gewissenlos von dem Mann. Ach Gott, wüßte ich nur, was wird!! …

29. Juni.

Hurra! Hurra! Gerettet!! … Welch ein unglaublich glückseliges Zusammentreffen! … Kam heute nach einer schlaflosen, grauenhaften Nacht zu Ostermann (ich schwänzte sogar die Schule, und Tante Ella, die nun bei uns logiert, muß mir die Entschuldigung schreiben). Der empfing mich gleich mit den Worten: »Na, Kleine, Kopf hoch … für diesmal bist du gerettet, das Bild wurde gestern gekauft von einem Dr. Keller aus dem Grunewald … sehr gut bezahlt.

Hat es schon abholen lassen.« Grundgütiger Gott, ich hörte richtig den Stein plumpsen, der mir vom Herzen fiel. Keller der Käufer unseres Bildes! ... Ich fiel dem Ostermann um den Hals und heulte vor lauter Glück. So feierten wir gleich Versöhnung, und ich versprach, ihn im Herbst wieder zu besuchen, denn morgen reist er ab, da er nun wieder fest bei Kasse ist ... Nach der Schule paßte ich dann noch Erna und Mite ab ... beide sahen schrecklich grün und verängstigt aus, ... und als sie das Resultat hörten, warf Erna ihre Bücher in die Luft und benahm sich derart, daß die Leute stehen blieben. Mite nahm es gefaßter auf ... sie sagte nur: »Na, ich hätte mich auch so wieder rausgelogen, nur frech muß man dabei sein, dann glaubt's einem jeder.« Aber sie war doch auch sehr zufrieden. In den nächsten Tagen besuchen wir Keller ... dem müssen wir doch auch noch was aufbinden, wie wir auf das Bild kommen.

6. Juli.

Morgen früh reisen wir in den Thüringer Wald. Gott, bin ich froh, daß die Ferien beginnen! Man braucht doch mal eine kleine Erholung.

Berlin ist mir doch recht widerlich. Ach … ich habe alles so über! Immer jetzt die Angst. Die Sache mit dem Bild liegt mir eigentlich noch in allen Gliedern. Ich freue mich wirklich auf die Sommerreise … hier ist gar nichts los. Mein Tagebuch bleibt hier. Ich mache überhaupt Schluß mit diesen ganzen Geschichten … Juchhe … nun geht's in die Natur! Ich freue mich wie ein Kind. Adieu Berlin … adieu Tauentzien-Bummel mit allem Drum und Dran. Am liebsten käme ich gar nicht wieder.

Nach den Ferien!

22. September.

Lange Pause! ... Fast hätte ich im Taumel der Freude über die Rückkehr nach meinem einzigen geliebten Berlin vergessen, daß ich ja ein Tagebuch besitze ... Also nun bin ich schon seit einer Weile wieder hier, und ich kann nur sagen, daß ich die Natur gründlich satt habe. Die ersten paar Tage war's ja ganz schön, die Bäume waren grün, der Himmel blau, die Wege schmutzig, die Menschen ... Bauern, und wir glückselig mittenmang. Aber nachher war's eben doch immer dasselbe. Dazu saß einem die ganze Familie auf dem Nacken, und unsere Eltern konnten sich nicht genug tun über die ungezwungene Freiheit, die man hier genießen könne. »Freiheit« nannten sie dies ewige Familiensimpeln! ... Hätte dieser Zustand noch viel länger angehalten ... ich wäre auf den Knien nach Berlin gerutscht. Gott sei Dank! ... Ich bin hier! Alle sind froh, wieder da zu sein, und diesen Winter wollen wir uns fein amüsieren ... Mabel war mit dem »Onkel Harald« allein auf dem Balkan. Was die alles sieht! Ist ja schon wie eine große Dame. Ich beneide sie direkt! Dr. Bilinskis Getue wegen meines Verkehrs mit ihr war doch zu albern. Er hat sie wieder gefragt, ob ich noch komme. Das letztemal schenkte mir Mabel eine Flasche Lilienmilchwasser. Mama denkt, es ist von Lisa. Die hat immer so 'n Kram. Das Zeug macht einen bildschön. Mabel sieht dadurch immer aus, wie so 'ne Büste im Schaufenster der Friseure ... Der Saltini habe ich die Adresse des Fabrikanten von dem Wasser besorgen müssen, so begeistert war sie davon. Neulich zeigte mir die Saltini ein reizendes Zigarettenetui. Das war ganz gefüllt mit ... Goldstücken, die sie nachts in der Bar geschenkt bekommt, wo sie viel mit einer Freundin Tango tanzt. Ich ginge doch für mein Leben gern in so 'ne Bar. Aber Mama würde ja Krämpfe bekommen, wenn ich nur mal solche Gedanken laut werden ließe ...

26. September.

Hab' ich heute gelacht! Hete Vogt, die lange Bohnenstange mit den schönen Zöpfen hatte Malheur ... die Zöpfe ... sind weg! Sie sieht richtig abgeknabbert aus. Ein junger Mann hat sie ihr abgeschnitten, als sie gestern auf der Leipziger Straße mit ihrer Mama ging. Was nützt also diese ganze Bewacherei? Nicht mal fürn paar Zöpfe langt sie! ... Die Hete flennte heute früh in der Klasse, und die meisten johlten über sie ... nur die »Gefangenen« tun stark mitleidig. Lisa Stein heuchelte auch Bedauern: »Nein, es wird doch immer doller ... diese perversen Menschen ... das wird sicher auch wieder so'n Fetischist.« ... »Waaas?«, fragte Hete. »Was ist denn das?« »Das ist was zum Essen, teure Hete.« Die einen grinsten, die anderen machten dumme Gesichter, und die arme Hete sah nur noch trostloser aus. Ich sagte ihr zum Trost, sie sei nun hochmodern mit der Frisur ... was ja auch wahr ist. Die Saltini will sich auch das Haar jetzt à la Page abschneiden und offen hängen lassen, dazu das Gesicht ganz bleich schminken und unter die Augen blaue Striche ziehen ... das soll jetzt das Reizvollste sein. Und das riet ich gutmütigerweise auch Hete! ... Die dumme Pute faßte es als Hohn auf und wandte sich wütend gegen mich! ...

Den kleinen Japaner kenne ich nun auch näher, er heißt mit Vornamen: »Hisanori!« Komische

Namen haben doch die Japaner ... Er ist zu niedlich, wenn er Deutsch spricht. Immer verwechselt er »l« mit »r«, und dann spitzt er so komisch den Mund beim Sprechen, so daß alle Wörter so rund rauskommen ... kein Mensch käme auf die Idee, daß es Deutsch ist, nur wenn man ganz genau aufpaßt, kann man merken, daß er deutsche Worte gebraucht ... es klingt aber japanisch! ...

29. September.

Habe heute zum erstenmal wieder den damals so liebenswürdigen Leutnant v. Niedeck gesehen. Kam mir in Uniform mit zwei Kameraden entgegen und lachte übers ganze Gesicht, als er mich erkannte. Ich wurde feuerrot, weil noch zwei Offiziere dabei waren. Er grüßte sehr höflich. Es war dicht vor unserm Hause, und ich ging eiligst hinein. Zu schade ... dachte ich ... daß er nicht allein war und ... woanders! Oben hatte Mama zufällig den Vorgang beobachtet und mich gleich sehr scharf ausgefragt. Nachher war sie sehr stolz, daß man mich schon so als Dame behandelt, und lobte mich noch, daß ich so hübsch bescheiden den Gruß erwidert habe. Bei dieser Gelegenheit konnte es sich Mama jedoch nicht versagen, mir wieder ein paar Vorschriften zu geben, wie ich mich zu verhalten habe, wenn mich ein Herr auf der Straße mal anreden sollte. So was könne ja leider jetzt manchmal den anständigsten jungen Mädchen passieren! ... Nachmittags hatte Mama ihren Tee, und ich hörte nebenan, wie sie den Damen so stolz mein heutiges Erlebnis schilderte (das harmloseste, das ich je hatte!). »Ach«, sagte da Frau Puppe, »liebe Frau Martini, das wird wohl nicht Littas erstes derartiges Erlebnis sein! (Frechheit!) Ich bitte Sie, die jungen Mädels heute, die haben's doch alle faustdick hinter den Ohren!« »Ich glaube doch«, erwiderte ihr da Mama, »denn Litta hat absolut keine Geheimnisse vor mir (ist doch direkt rührend von Mama), so was erzählt das Kind in seiner Naivität gleich zu Hause. (!!) Hätten Sie gesehen, wie verlegen sie den Gruß erwiderte ... sie konnte einem fast leid tun, das dumme kleine Ding.« Da lachte die junge Frau Polizeileutnant Heine dazwischen: »Gott, gnädige Frau, ist das wirklich Ihr Ernst? Ich bin jedenfalls überzeugt, daß die jungen Dinger heute in allem recht gründlich Bescheid wissen … mehr … als uns wohl lieb ist« … »Meine Litta jedenfalls nicht«, meinte die gute Mama etwas pikiert. Dann gingen sie zur Tagesordnung über und machten sich voreinander wichtig …

5. Oktober.

Die Saltini hat mit Italien gar nichts zu tun. Das ist ja nur ihr »Künstlername«! Ihr richtiger Name ist: Alma Kröpfer, und ihr Vater ist Flickschuster in der Elsässer Straße. Sie sagt, Saltini macht sich besser. Sie hat schon ein paar Jungens ums ganze Geld gebracht. Manchmal spricht sie recht gewöhnlich, aber Helle ist sie. Sie haßt eigentlich die Männer, das einzig Gute an ihnen sei ihr Geld, und sie riet mir, sehr darauf zu sehen, wenn ich mich mal verheirate. Mit der Liebe sei's ja doch gewöhnlich bald Essig … Solche Lebenserfahrungen kann man bei der Elvira eine Menge lernen. Jetzt ist ein Bankier dran, der hat ihr die ganze Wohnung eingerichtet. Seine Tochter geht in unsere Schule. Die Elvira erzählt alles ganz offen. Mit dem Hisanori amüsiert sie sich nur nebenher, weil er so nett und so komisch ist. Neulich kam er zu spät, als wir uns im Kino verabredet hatten. Ich fragte ihn in der Pause, wo er denn so lange steckte? »Auf dem Spitzuterrumarukt« sagte er mir. Mit vieler Mühe bekam ich nun raus, daß er den »Spittelmarkt« meinte! Ein etwas mühsames Verhältnis … aber der Kleine ist doch zu süß.

9. Oktober.

Heute bei meinem süßen Japs Kaffe getrunken. Empfing mich im japanischen Kostüm und sah reizend echt darin aus. Er wollte mir einen prachtvollen Ring schenken, ich wollte ihn auch nehmen, aber … da verschloß er seine Tür und wollte mich nicht weglassen. Nur mit List und Versprechungen kam ich weg … ohne Ring … und richtig zehn Minuten zu spät in die Konfirmandenstunde … Daß man das auch noch mitmachen muß! Wo Religion doch heute so unmodern ist! Unsere »Gefangenen« spielen sich zwar jetzt als Heilige auf. »Tanzen?«, fragte neulich entsetzt Else Köhler. »Ihr tanzt diesen Winter, wo wir doch Ostern konfirmiert werden? Meine Eltern erlauben mir nicht mal, in ein Konzert zu gehen.« (Elses Mutter soll sogar schon außer sich sein, wenn Else jetzt außen an einem Theater vorbeigeht.) Na ja... was soll man da noch sagen? Hundert Jahre zurück! ... Armer Mann, der die mal zur Frau kriegt! Muß ja zum Auswachsen langweilig sein. Die Saltini sagte kürzlich auch, man sollte uns aus der Schule statt des vielen unnötigen Quatschs lieber beibringen, wie man den Mann behandeln muß, daß wir immer reizvoll für ihn bleiben ... dann gäbe es nicht soviel Ehescheidungen und dergleichen. Wir würden überhaupt gerade zum Gegenteil von dem erzogen, was man nachher von uns verlangt. Die Saltini müßte überhaupt mal einen Kursus für solche Fragen in unserer Schule abhalten.

Eva Lüders ist ganz verdreht. Täglich klagen jetzt die Lehrer über ihre Arbeiten ... wo sie doch eine der Besten in der Klasse war.

17. Oktober.

Wenn man bedenkt, wie nett ich immer zu dem Keller war, und nun ... nicht mal lumpige hundert Mark kann man von ihm haben! ... Fuhr gestern abend zu ihm, war direkt ein großes Wagnis von mir ... ich sagte, ich mache den

Abend bei Lisa Stein Weihnachtsarbeiten … die Eltern im Theater … ich bei Keller! Amüsierten uns erst sehr nett, fein gegessen, Keller famoser Stimmung … alles in schönster Harmonie … bis zum Schluß, wo ich ihn in aller Freundschaft bat, mir hundert Mark zu leihen. Ablehnendes Gesicht bei ihm. Ich bat dringender … er noch ablehnender. Schließlich erwähnte ich so nebenbei mein Alter und so! … Da wurde er kolossal unverschämt, nannte mich eine Erpresserin, und was weiß ich, sonst noch … er wäre immer noch der Dumme gewesen, daß er stets so anständig und so weiter. Habe ihm ja nie recht getraut. Dachte immer, weil er Geld hat. Netter Reinfall. Von heute an fertig mit ihm. Ganz blöder Affe … Dumm, daß ich mir's gefallen ließ. Bin doch schließlich aus guter Familie. Schade, daß Papa ihm nicht eine runterhauen kann für seine Frechheit.

22. Oktober.

Lisa Stein hatte heute Geburtstag. Nun ist sie glücklich sechzehn. Fein war's. Große Fete. Ihre Mutter verwöhnt sie schrecklich. Masse Menschen waren da. Getanzt haben wir, als seien wir im Palais de danse! ... Dieser Tango ... wunderbar! Und die Mütter lachen, als sei gar nichts dabei. Ist doch entzückend, wie unanständig man jetzt sein kann vor den Augen der Mütter. Dr. Bilinski war auch da ... war uns beiden peinlich. Ich tat in seiner Gegenwart kolossal bescheiden. Lisas Vetter aber ... netter Kerl ... tanzte meist mit mir ... Unterhielten uns ausgezeichnet. Berührten alle Gebiete.

30. Oktober.

Ich bin noch jetzt ganz platt von dieser unglaublichen Naivität. Diese Japaner sind doch wirklich eine gelbe Gefahr für uns ... Heute nachmittag wäre bald alles ans Tageslicht gekommen. So'n Schreck habe ich lange nicht gehabt ... Nach Tisch klingelt's. Nach einer Weile kommt Mama mich rufen, ein Japaner sei da, der mich sprechen wolle. Ich denke: mich laust der Affe.

Jetzt, Frechheit, steh mir bei!... »Ein Japaner?«, fragte ich, ganz Verwunderung. »Ja, was will er denn von mir?« »Das weiß ich nicht, komm doch mal vor.« Ganz Angst und Sorge schien plötzlich Mama ... im Salon saß mein niedlicher Hisanori. Er lächelte, zog langsam die Luft durch die Nase, lächelte uns wieder alle sehr freundlich an und streckte mir dann, nachdem er sich ganz ruckweise, wie ein Huhn verbeugt hatte ... die Hand flach hin. Ich war ganz ratlos. Ich guckte ihn an, er mich, dann verbeugte er sich wieder, und inzwischen ... Gott sei Dank! ... wußte ich, wie ich's nun geschickt deichsle. Mir fiel ein, daß der Japaner auf alles, was ich ihn früher fragte, »ja« gesagt hatte, auch wenn's gar nicht paßte. Er sagte mir, das tue man immer in Japan ... aus Höflichkeit. Also ich stellte ihn nun erst mal den Eltern vor und erzählte, ich habe den Herrn mal bei einer Freundin kennen gelernt, der ein Freund ihres Bruders sei. Nun stellte ich allerhand Fragen sehr geschickt, so daß das »ja« zu meinen Gunsten erfolgen mußte. Es klappte wundervoll, und ... ich war gerettet. Als er gegangen war, lachte ich erst mal wie eine Verrückte, unterdessen besann ich mich, was ich nun für eine Erklärung geben sollte? Sie lautete folgendermaßen: Ich habe den Japaner vor einigen Wochen bei Mite Bürger kennen gelernt. Er wollte deutschen Unterricht haben. Du hattest dir mal einen kleinen Teppich vor deinen Nähtisch gewünscht, und da fiel mir ein, wenn ich dem Japaner deutschen Unterricht erteilte, könnte ich dir zu Weihnachten den Teppich schenken« ... Und nun kam er her, um mich wohl danach zu fragen ... und ... hat meinen schönen Plan verraten! ... Tableau! ... Mama hatte wahrhaftig die Augen voller Rührungstränen. Ich schämte mich innerlich nicht wenig. Wirklich, ich bin doch recht schlecht ... Meine Adresse hat er sicher von der Saltini ... Ein Glück, daß Mama nicht verstand, wie er von der »Errvüra« (Elvira) sprach. Morgen muß ich mal zu ihr gehen, was das heißen soll.

4. November.

Die Mabel hat sich mit Herrn Held ... verlobt!! Die Saltini, die sich über den Streich des Japaners totlachen wollte, hat gesagt, den jungen Held hätten sie ja leicht einfangen können, das sei der größte Schafskopf von Berlin ... und er sei steinreich. Die Mabel würde sich wohl schon entschädigen für die Dummheit, und der Onkel Harald wird sich nun nach jüngerem Ersatz Umsehen müssen. Er muß sicher eine großartige

Mitgift rausrücken, die die Mama ... behält!! Die Saltini interessiert sich sehr für Mabel, wird aber immer leicht boshaft, wenn sie von der Mabel spricht.

18. November.

Der Eva Lüders habe ich aber heute mal eine Moralpauke gehalten ... die war nicht von schlechten Eltern. Daß es im 20. Jahrhundert noch soviel Dämlichkeit geben kann! Sie will partout fliehen mit Willi Eggers und im Ausland heiraten. »Von was? Mit was?«, fragte ich sie. »Ach wir lieben uns, und das genügt uns«, sagte sie mit schwärmerisch verzücktem Gesicht. Da nahm ich sie mal gründlich vor. Bist wohl ganz verrückt ... der Junge ist nichts, hat nichts und ... denkt auch gar nicht daran ... zu fliehen. Amüsier' dich mit ihm ... bon ... aber heiraten tut man nur einen Alten, der sehr viel Geld haben muß (O, Elvira Saltini ... wie hast du doch Schule gemacht!). Das Hab' ich ihr also gesagt, und der Dank dafür war, daß sie mich einfach ganz empört stehen ließ. Und ich kam mir in diesem Augenblick ganz moralisch vor.

18. November.

Ich bin einfach wütend, daß mir so was passieren konnte ... Zwar bin ich totmüde, aber das muß ich noch aufschreiben, was ich heute abend erlebt habe ... Papa lud uns heute mal zum Abendbrot in ein feines Weinrestaurant ein. Mama zupfte an mir rum, ehe wir von Hause weggingen, als wollte sie mich jetzt in ein Kloster als Novize eintreten lassen. Sie bekam sogar Gewissensbisse, daß sie mich jetzt schon vor der Konfirmation in ein Restaurant mitnähmen!! Fred mit seinem ersten viel zu kleinen Schmiß schielte mit Kennerblicken nach den Damen. Mir scheint, der weiß auch brenzlich Bescheid!! Papa hatte nur Interesse für Wein- und Speisekarte, und Mama sah mit musternden Blicken nach den Damen ... und mit kleinem Naserümpfen nach den sehr schicken Mädels, die mit ihren Kavalieren an uns vorüberkamen. Mama sagte, ihr nächstes Gesellschaftskleid lasse sie aber vorne nicht so raffen, wie es die Schneiderin vorschlug, denn das sei ja ekelhaft, daß diese Mädels das alle auch so tragen ... Ich saß ganz sittsam, wie es sich für ein Kind meines Alters aus gutem

Hause geziemt ... Der Kellner brachte die Vorspeisen, und Papa hatte noch eine längere Debatte mit ihm wegen des Rotweins und seiner Temperatur ... Als ich mal den Kellner flüchtig ansah, kam er mir so sehr bekannt vor ... ich sah nochmals hin, in dem Moment sieht der Kellner auch mir voll ins Gesicht, und ... unser Kellner war ... Herr v. Rettwitz, der Rennstallbesitzer aus dem Familienbad!! Er war feuerrot geworden ... als er mich erkannte ... das Mädel aus guter Familie! Es irritierte ihn so, daß er uns anfangs ganz konfus bediente und unnötig viel mit dem Besteck lärmte, wie Papa sagte ... Ich hätte den Menschen erwürgen mögen, daß ich damals in Wannsee auf solch plumpen Schwindel reinfallen konnte ... Na jetzt kann mir so was wohl kaum mehr passieren...

10. Dezember.

Nach langer Zeit war ich neulich mal wieder bei Ostermann. Immer derselbe, sehr nett und gefällig, wenn er irgend kann. Pumpte mir wieder zehn Emmchen. Gar kein Vergleich mit dem schoflen Keller!!... Gestern waren wir ... Ema, Mite und Lisa sowie meine Wenigkeit bei

Ostermann zu einem kleinen Atelierfest. Es waren noch einige Herren und Damen da. Künstlerinnen, wie ich hörte. Eine sang ganz entzückend unanständige Chansons. Wie ein Gassenjunge sah sie manchmal dabei aus. Ein Herr begleitete sie mit der Mandoline. Ein junger Arzt, Dr. Gerhart, spielte Gitarre dazu. Außerdem Helbing mit seinem Modell ... der sehr hübschen und frechen Mieze Liebreich. Die sagte unglaubliche Sachen zu uns und den anderen. Dr. Gerhart war erst kürzlich von einer Weltreise zurückgekommen und erzählte einiges davon. Zum Schluß sagte er aber: »Am schönsten ist's eben doch in Berlin, und das verdanken wir vor allem den süßen Berliner Mädels.« (Höfliche Verbeugung gegen die Damen.) In Berlin, meinte er, fände man überall und in allen Kreisen Mädels zum Liebhaben, aber im Ausland wären die Mädels derart behütet und bewacht, daß man unmöglich außerhalb der Familie mit ihnen Zusammentreffen könne, und so müßte man sich eben mit solchen, die sich dafür bezahlen lassen, begnügen, oder man müßte gleich heiraten. Hier aber in Berlin verlange das keine, hier amüsiere man sich, liebe sich und … gehe dann wieder seiner Wege. Dann rief er: »Ein Hoch dem schönen unvergleichlichen Berlin! Ein dreifaches Hoch den lieben vernünftigen Berliner Mädels!« Laut und ausgelassen stimmten wir alle ein, die Mieze sprang auf den Tisch und schrie: »Gerhart, Sie sind der famoseste Kerl, den ich kenne … Sie haben wirklich unsern Wert erkannt und gewürdigt. Kommen Sie, daß ich Sie küsse dafür … Sie großer Philosoph, und ich hoffe, meine Mitschwestern werden ein Gleiches tun.« Dann gab's eine endlose Küsserei, und das Fest verlief glänzend. Als wir viere um sechs Uhr uns verabschieden mußten, höhnte die schwarze Mieze: »Die Kinder gehören ja auch um sieben ins Bett.« Helbing verwies ihr das, aber da lachte sie ihn frech an, und er war ruhig. Die macht's aber wirklich mit der Frechheit! … Aber hübsch war's heute doch …

16. Dezember.

Heute Mabel besucht und gratuliert. Sie ganz erhaben, trägt ihr Glück mit Hoheit und Würde. Held mit den blöden Kulleraugen glotzt nach wie vor unentwegt Mabel an, die es sich gleichgültig gefallen läßt! Sie heiraten im Frühjahr.

26. Dezember.

Weihnachten vorüber ... das war wieder mal so 'ne hübsche familiöse Vereinigung. Tante Ella fehlte auch nicht. Sie hat Trost gefunden ... werde ihn nächstens mal ansehen ... Die Bescherung ist immer etwas Komisches ... Man steht da unterm Weihnachtsbaum, lächelt krampfhaft dankbar über die Geschenke (die meist nicht mal nach unserem Geschmack sind), jeder sucht möglichst strahlend dreinzublicken, ... Mama erwartet gefühlvollen, zärtlichen Dank, ... Papa denkt: »Hat mich mal wieder 'n schönes Stück Geld gekostet ... wenn nur der Karpfen bald käme.« Dann kommt der Karpfen, Papa klopft mir wirklich erfreut auf die Schulter, und endlich beim guten Essen sehen wir alle menschlicher drein, nicht mehr so selig und verklärt! Das ist der einzige Abend im Jahr, wo wirklich lauterste Freude in uns allen steckt ... man hat keine Sorgen, kein schlechtes Gewissen ... alles in herrlichster Harmonie. Heute ist's schon wieder anders ...

wenn auch noch die weiche Stimmung in allen zu stecken scheint ... Sogar bei der Saltini bemerkte ich das gestern. Die hat den heiligen Abend bei »Vatern und Muttern«, wie sie sich ausdrückte, in der Elsässer Straße verbracht. »Weeste Littachen«, fing sie an (in solchen Momenten streift sie alle mühsam erworbene Bildung ab) »bei solchen Festen erwacht ooch in meine Brust die kindliche Liebe und der Famielchensinn. Ick lasse mir ja selten zehause sehn ... ick bin zu sehr aus det Milchö rausgewachsen, aba ... man bleibt doch immer das Kind von de Eltern.« ... Und sie hat sich die kindliche Liebe und den erwachten Familiensinn ein schönes Stück Geld kosten lassen. Ich war oft mit beim Einkaufen. Donner ja, soviel Geld gibt Mama sicher nicht aus. Wenn Elvira ihrem Alten was kaufte, sagte sie immer zu den Verkäuferinnen mit hochmütig herablassender Miene: »Zeigen Sie mir was recht Handfestes, es ist für meinen Gärtner«, und die Mutter spielte dann die Rolle ihrer Waschfrau! ... Gestern Abend waren wir bei Meisters zum Festessen. Es war recht langweilig für mich, und Fred hatte einen Schwips, als wir weggingen, was Mama etwas peinlich war ... Frau Meister nahm mich mal beiseite und fragte mich: »Hör mal, Kind, jetzt sah ich dich schon zweimal mit einer Dame im Kaufhaus, und diese Dame sieht etwas sehr verdächtig aus. Wer ist denn das?« »Das ist wohl Fräulein Schwarze, unsere französische Lehrerin«, log ich kühn ... »Ach so, ach so, ... na ja ... ich meinte man bloß ... so komisch 'n bißchen sah die Dame aus ... ist ja sehr nett, daß sie dich so mitnimmt.« Ganz verlegen war die arme Tante geworden. Beim Abschied bekam sie von mir einen festen Kuß ... der Dank für ihre nette Art, mich nicht vor der Familie so was zu fragen. Es gibt doch noch prächtige Charaktere!

4. Januar.

Eva Lüders sieht erbärmlich elend aus. Scheint krank zu sein. Traf sie heute auf der Tauentzien-Straße. Sie hatte so was Ängstliches, Aufgeregtes in ihrem Wesen und sah mich mal an, als wollte sie mir den Hals umdrehen oder sich unters erste beste Auto werfen. Dann war sie wieder scheu und verlegen, sprach ganz leise und wie geistesabwesend. Plötzlich stößt sie ein »Adieu« raus und weg war sie. Wie besessen rannte sie über die Straße ... und sie merkte gar nicht, wie wohlwollend ihr manche Herren nachsahen. Was sie nur hat?! ... Ich habe soviel Sympathie für das Mädel, aber sie meidet mich richtig, und sie könnte doch soviel von mir lernen ... na, aber aufdrängen tue ich mich niemandem ...

16. Januar.

Mama fällt doch auf alles rein ... Jetzt hat ihr irgend so 'ne überspannte Bekannte eingeredet, daß junge Mädchen vor der Konfirmation ganz still und zurückgezogen leben müßten, und a tempo erwachten Mamas Mutterpflichten, mit denen sie mich nun zu den unpassendsten Zeiten behelligt. Ich soll fein sittsam zu Hause sitzen, womöglich Traktätchen lesen ... während ich tausend dringende Verabredungen außerhalb habe. Die Wände könnte man hoch gehen bei solchem Unsinn. Jetzt plötzlich, zwei Monate vorher kommt Mama diese Erleuchtung. Jetzt zwingt sie mich noch zum Lügen, was ich vorher, wo ich mich kaum mal für mein Ausgehen mehr verantworten mußte ... nicht mehr nötig hatte ... Ein Glück wenigstens, daß Mama jetzt mit dem nächstens stattfindenden Bazar für ihre Verwahrlosten soviel zu tun hat und viel am Tage unterwegs ist.

29. Januar.

Die Saltini ist doch wirklich sehr nett und gefällig. Als ich ihr neulich mal klagte, daß wir soviel auswendig zu lernen haben für den Konfirmandenunterricht, und daß mir das so sehr sauer wird, da sagte sie bloß: »Na bring mal deinen Katechismus her, ich hör' dich ab. Der sitzt noch ganz fest bei mir.« ... Und seitdem hört sie mich mein Pensum immer ab und läßt mich nicht eher weg, als bis ich's kann ... Mama hätte nicht die Geduld! ... Ich sagte dieser Tage zur Saltini, sie hätte sehr viel Talent zur Lehrerin. Da meinte sie: »Gott, wat nich is, kann wern ... der Jeist is willig, aba ... det Fleisch!!!« ... Gestern bekam ich sogar ein Lob im Unterricht für meinen Fleiß. Erna und Mite sagen, ich sei wohl vollkommen übergeschnappt mit der Lernerei! ... Eva Lüders lernt wohl überhaupt nichts mehr und heult gleich los, wenn sie deshalb getadelt wird. Na, die wird jubeln, wenn der

April da ist und sie die Schule hinter sich hat. Ich bin ja auch glücklich darüber, aber Mama schmiedet, scheint mir, Pläne für mich und ein Schweizer Pensionat. Das wäre ja die Höhe!

10. Februar.

Ich bin halbtot vor Angst! ... Wenn ich diesmal noch gut davon komme ... dann habe ich mehr Glück als Verstand. Doch der Reihe nach ... da darf ich nichts vergessen: Gestern sitze ich bei der Saltini zum Abhören ... sie gab mir sogar gute Lehren, ich sollte doch jetzt vor der Konfirmation etwas in mich gehen und mich nicht so liederlich rumtreiben, es sei doch mal ein Fest, wie man es nur einmal erlebt ... und wie sie damals vor der Konfirmation stand, da hätte sie schöne »Dresche« daheim bekommen, wenn sie so rumgebummelt wäre mit Jungens, wie ich das jetzt mache. Ich sah sie an und sagte: »Geliebte Elvira ... es hat doch nichts genützt!« Aber kurz und gut ... die Saltini tat plötzlich so ehrpusselig, daß mir fast das Lachen kam. Da klingelt's draußen, und das Mädchen meldet einen Herrn, der amtlich was zu besprechen habe. Die Saltini sagt: »Na, wenn's amtlich ist, dann kann der Herr gleich hier reinkommen.« Er kam und stellte sich gleich vor als Kriminalbeamter und zeigte auch gleich seine Erkennungsmarke. Er sei beauftragt, die Saltini zur Wache zu bringen, da sie von dem Polizeileutnant in einer dringenden Angelegenheit verhört werden müßte. Dann sah er mich scharf an und sagte: »Am besten wird das Fräulein hier gleich mitkommen.« Ich war entsetzt; die Saltini verteidigte mich sogar recht heftig ... desto bestimmter verlangte er mein Mitkommen. Wie ich zum Revier kam ... ich weiß nicht mehr, ich weiß nur, daß ich auf einmal vor dem Polizeileutnant ... Heine stand! Ein alter guter Bekannter meiner Eltern. Er war ganz Statue, als er mich erkannte, und ich überzeugt, daß er meine Eltern sofort von dem Vorfall in Kenntnis setzen würde. Ich hörte noch so was von der Bar, gestern abend, da sei einem Herrn die Brieftasche gestohlen worden. Heine entließ mich sofort, aber mit eisiger Miene. Dann fuhr ich in meiner wahnsinnigen Angst zu Lisa, mit dieser zu Mite und trug diesen den Fall vor. Wir heckten nun folgendes aus: Ich mußte sofort einen Rohrpostbrief an Leutnant Heine schreiben des Inhats, wenn er meinen Eltern die Sache mitteile, würde ich ihn auch nicht schonen: Ich wüßte zufällig auch so eine kleine Geschichte von ihm und einer gewissen Dame. Damit würde ich dann auch nicht hinterm Berge halten … Seitdem lebe ich in einer Höllenangst. Ich bin, weiß Gott, nervös, und Mama meint, ich sei blutarm! Er hat noch nichts unternommen. Ich möchte mich totschießen … ach, wenn doch nur schon die Entscheidung gefallen wäre! …

11. Februar.

Meine Angst ist unerträglich … Noch nichts von der Polizei! … Ob die Akten so lange dauern? … Papa sagt ja immer, bei Gericht geht alles so entsetzlich langsam. Mite meint, eventuell müßte ich sitzen. Das überleben meine Eltern nicht. Ich möchte ja gerne vorher sterben. Mite sagte, ich habe ihn bedroht, das sei das Schlimmste.

13. Februar.

Noch immer keine Benachrichtigung. Ich kann nichts mehr essen. Lisa sagt, ich sollte mich beruhigen, nun käme sicher nichts mehr … Der

Hieb mit der Dame habe wohl gesessen, und dabei wußten wir doch absolut nichts von einer Dame.

17. Februar.

Keinerlei Mitteilung bis jetzt. Ob er's vergessen hat? Oder aus Mitleid mit mir? Oder hat er am Ende doch was auf dem Kerbholz mit einer Dame? Zur Saltini wage ich mich nicht mehr, vielleicht sitzt sie auch im Gefängnis. Ach Gott, in was habe ich mich da begeben!

26. Februar.

Ach, wie bin ich glücklich! Nun bin ich alle Angst los. Heute hat mich die Saltini doch an der Schule abgepaßt. Sie wunderte sich über mein Ausbleiben und wollte mal nach mir sehen. Ihr ist damals nichts passiert, da sie völlig schuldlos war. Ich erzählte ihr dann von meiner Angst und dem Drohbrief ... Da hat sie so gelacht, ja geschrien hat sie vor Lachen und gesagt: »Gott, Kinder seid ihr raffiniert! Das stimmt immer und bei jedem mit der Dame. Großartiger Witz! Litta, ihr übertrefft uns alte Routinösen noch! Alle Bonör! Können euch eure Lehrer noch was beibringen?!! Geh raus aus die Schule, die is zu eng für soviel Jeist!« ... Sie hat dem Heine gesagt, ich kennte sie nur als Dame und hätte keine Ahnung von ihrem Leben. Sie hörte mich bloß immer den Katechismus ab ... Das zog ... Jedenfalls brauchte ich absolut nichts mehr zu fürchten. Mir könnte keiner was anhaben ...

9. März.

Im April komme ich also wirklich nach Genf in eine Pension. Schreckliche Idee! Dort soll ich ein bis zwei Jahre bleiben!! Na, wenn ich's nicht aushalte ... rücke ich aus.

14. März.

Endlich! Sechzehn Jahre alt! ... Papa sagte, nun sei ich ja wohl bald heiratsfähig ... das hätte er gar nicht so gemerkt, wie das so neben ihm groß wird. Mama warf ihm verweisende Blicke zu ... Heute in der Schule fiel plötzlich Eva Lüders in Ohnmacht. Man brachte sie im Wagen zu ihren Eltern, die außer sich waren. Die arme Eva sah aber auch schon die ganze letzte Zeit so sehr elend aus.

21. März.

Ich kann's einfach nicht fassen ... die Eva Lüders ... dies schüchterne, ängstliche Ding mit dem unschuldigen Gesichtchen ... bekommt ein Baby!!... Es ist empörend, und alle sind in der Klasse in hellem Aufruhr darüber. Das ist ja eine Schmach für die ganze Schule, daß wir solches Geschöpf neben uns hatten! Tat immer so scheinheilig, daß man sich manchmal wirklich schon etwas »angefault« vorkam neben dieser Unschuldslilie, und nun macht sie solche Sachen!! ... Ich bin froh, daß ich jetzt von hier eine Weile verschwinde, denn ich könnte es nicht ertragen, darüber gefragt zu werden, wo ich mich doch öfters öffentlich mit ihr auf dem Tauentzien-Bummel gezeigt habe ... Das kommt nun von dem Quatsch ihrer ewigen Liebe und Treue!! Für so unanständig hätte ich sie aber im Leben nicht gehalten ... Wird ja der Willi Eggers schön reinfallen! Und ausgerechnet ich habe sie damals mit ihm bekannt gemacht. Ist mir jetzt ordentlich peinlich vor dem Eggers ... Sie soll sich einbilden, der Eggers heirate sie später, und sie hat gesagt: »Nur, daß ich meinen Eltern so viel Kummer dadurch mache, tut mir so weh, aber meine Liebe zu Willi wird durch dies Ereignis nur noch wachsen, und später, wenn wir heiraten können, werden auch meine Eltern mir verzeihen, daß ich mit sechzehn Jahren schon so schrankenlos einen Menschen liebte, wie andere mit zwanzig. Willi wird mich nie im Stich lassen.«

... So sieht er aus! Aus der Schule werden sie'n rausschmeißen ... ihren Willi! Die Eltern sind einfach Prügel wert ... denn nur, weil sie so engherzig erzogen ist ... schlägt sie derart über die Stränge. Na, ich kann mir keinen Vorwurf machen ... ich wollte sie aufklären ... und da tat sie, als sei ich gemeingefährlich, und sah mich noch von oben herab an. Schließlich wär's aber früher oder später eben doch so weit mit ihr gekommen, da ihr eben der innere moralische Halt fehlte.

24. März.

Die Saltini hat wohl'n Klaps?!! Die predigt mir ja jetzt mehr Moral als Mama. Meine Konfirmation regt sie ja mehr auf als mich. Heute fing sie an, wie ich innerlich so unvorbereitet dem ernsten Tag entgegengehe!! Und daß ich mich mit soviel anderen Dingen beschäftige, die ganz das Gegenteil wären von dem, was man von mir erwartet. Ich wüßte auch viel zu viel für mein Alter ... sie wäre damals sicher noch viel harmloser gewesen, und daß ich mich soviel amüsierte und poussierte ... das sei jedenfalls toll. Da fing ich aber doch kolossal an zu lachen und sagte: »Sie tun doch überhaupt nichts anderes als sich amüsieren und wollen mir nun Moral predigen?« Ganz sprachlos starrte sie mich an, dann fuhr sie aber zornig auf mich los in ihrer gut Berliner Art: »Was tu ick? Amisier'n nennste det? Wo ick nischt andres denke, als ... arbeiten ... arbeiten! ... Keenen andern Gedanken im Kopf als die Arbeit, und wie ich vorwärtskomme, daß ich später nich mit Blumen und Feierzeig uff'n Leipziger Platz stehn muß. Is ja jroßartig! Du denkst wohl, det macht Spaß? Wart's nur mal ab, wennste so weiter machst, dann kannste ooch mal die Nächte in den Ballokalen rumsitzen, damit du'n anständigen Fetzen anzuziehen hast ... dann wirste mir ja mal erzählen, wie det »Amisiern« schmeckt?! ... Und deine Frau Mama ... die hat sich damals jewiß nich nett jejen mir benommen, als sie mich aus dem Haus rausekelte, weil ihr meine Moral nich in den Kram paßte ... es is ja nich richtig, daß ick det zu dir sage als Tochter, aber ... das kann ick dir sagen, ... wenn ick deine Mutter wär' ... ick hätte dir nich so mit allen mechlichen Kerlen rumbummeln lassen und mich nich so um andrer Leite Anjelegenheiten jekümmert. Hätte sie man besser auf dich aufjepaßt als auf mich.« ... So wütend und grob hatte ich die Saltini doch noch nicht gesehen. Ich stand einfach auf und wollte weg. Da fing sie plötztlich an zu weinen, kam auf mich zu, nahm mich in den Arm, küßte und streichelte mich und sagte, sie hätte mich doch so lieb. Da wurde ich auch ganz gerührt, und dann war große Versöhnung. Zum Abschied sagte sie dann noch zu mir: »Na, wenn du wieder aus dem Pensionat zurückkommst, dann wirst du wohl deine alte Freundin Alma Kröpfer nicht mehr kennen?« Sie tat mir wirklich fast leid ... und ich versprach ihr fest ... sie nicht zu vergessen und ihr auch ab und zu zu schreiben ... Die Saltini ist wirklich eine gute Person und meint's sicher gut mit mir. Aber manchmal ist sie wirklich noch recht naiv.

27. März.

Morgen ist meine Konfirmation! Mama läuft rum, als sollte jemand begraben werden. Ab und zu steht sie verklärten Angesichts vor mir, streichelt mich oder küßt mich und murmelt: »Mein gutes Kind!« vor sich hin. Mir ist gar nicht wohl in meiner Haut ... denn ich kann mich in dies Getue gar nicht reinfinden. Ich bin doch deshalb kein andrer Mensch ... und es ist mir immer so unangenehm mit Mama, denn ich möchte sie doch nicht kränken, wenn ich ihr sagen sollte, daß ich das alles für großen Mumpitz halte. Ich weiß gar nicht, was ich da für eine Figur machen soll.

29. März.

Gestern war also der große Tag! ... Nun ist auch das überstanden, und es ist nun durch etliche Tischreden offiziell dokumentiert, daß ich »erwachsen« und »eine Jungfrau« bin. Das Kind ist abgestreift ... die holde Mädchenblüte ... Knospe ... ausgetretene Kinderschuhe ... Freude der Eltern ... unschuldsvolle Kinderjahre ... Ernst des Lebens ... usw. usw. ... Das hörte ich so in allen möglichen Variationen, und am nettesten von Papa. Der redete wie ein Buch. Nicht zu sagen … wie ihm das so von den Lippen floß. Er weinte auch dabei ein bißchen, glaub' ich, und schrieb mir Tugenden und Eigenschaften zu, die ich bis jetzt noch gar nicht an mir kannte. Onkel Meister übernahm den moralischen Part! Das liegt ihm ja am besten!! Er sprach davon, wie die Reinheit des jungen Mädchens ein köstliches Gut sei, und von Mädchenstolz und gutem Einfluß selbst auf die schlechtesten Menschen … das Ideal der Frau usw. usw. Ich wurde eben so beweihräuchert, und dabei gab es ein tadelloses Diner. Abends hatte ich einen Schwips.

10 Uhr abends.

Eben hat Mama mein Zimmer verlassen. Sie kam vorhin mit toternstem Gesicht und sagte, sie hätte etwas sehr Ernstes mit mir zu bereden. Ich bekam einen Mordsschreck, denn ich dachte, es wäre zu guter Letzt noch irgend etwas rausgekommen. Es war aber ganz harmlos … sie wollte mich nur aufklären!! Und das war so komisch, daß ich fast Krämpfe bekam vor unterdrücktem Lachen. Sachen kramte die Mama da aus, die ich schon längst wieder vergessen habe. Sie wurde dabei sehr weich und stockte und würgte an den Worten, daß sie einem leid tun konnte. Übrigens wußte sie gar nicht so recht Bescheid, und ich mußte an mich halten, um sie nicht zu verbessern. Zum Schluß sagte Mama noch, ich sollte mich nur in allen meinen Angelegenheiten vertrauensvoll an sie wenden (das will ich ihr lieber nicht antun), und sie würde mir in allem Verständnis entgegenbringen (was ich mir zu bezweifeln erlaube).

30. März.

Morgen früh fahre ich nach Genf ins Pensionat. Meine Angst davor ist nicht mehr so groß, denn ich habe ein reizendes französisches Buch gelesen, das in einem Töchterpensionat spielt. Wenn es in Wirklichkeit so ist, dann kann ich als Berlinerin sogar noch was dazu lernen. Der gute Ostermann will sich in der Zeit, wo ich weg bin, umtun, einen geeigneten Mann für mich zu finden, denn er verkehrt sehr viel in Finanzkreisen und weiß, was ich brauche: einen Mann, der sehr viel Geld und sehr viel zu tun hat. Wenn ich dann wiederkomme, heirate ich besagten Hampelmann und dann Hurra! Adieu Gängelband! ... dann bin ich

FREI!! FREI!! FREI!!

ISBN:
978-3-946896-34-0

1. Auflage 2018

Die Erstausgabe des
Buches erschien 1914 im
Verlag Paul Baumann,
Berlin

Gestaltung und Satz:
studio stg, Berlin
studio-stg.com

Druck und Bindung:
CPI books GmbH,
Ebner & Spiegel Ulm

walde-graf.de

besagten Hampelmann und dann Hurra! Adieu Gängelband! ... dann bin ich

FREI!! FREI!! FREI!!

ISBN:
978-3-946896-34-0

1. Auflage 2018

Die Erstausgabe des
Buches erschien 1914 im
Verlag Paul Baumann,
Berlin

Gestaltung und Satz:
studio stg, Berlin
studio-stg.com

Druck und Bindung:
CPI books GmbH,
Ebner & Spiegel Ulm

walde-graf.de